요나던

요나던

초판인쇄 2024년 11월 1일
초판발행 2024년 11월 11일

지은이 다니엘 오
펴낸곳 도서출판 새벽별
주소 대전시 중구 모암로 24
전화 042-273-3927
이메일 ms4us@outlook.kr
출판등록 2000년 7월 27일 제365-3650000251002000000002호
디자인 CROSS-765
총판 기독교출판유통 (0317-906-9191)
ISBN 979-11-987844-1-4 (03200)

이 책은 도서출판 새벽별이 저작권자와의 계약에 따라 발행한 것이므로
본사의 서면 허락 없이는 어떠한 형태의 수단으로도 이 책의 내용을 이용하지 못합니다.
잘못된 책은 교환하여 드립니다.
책값은 뒤표지에 있습니다.
본서에 인용한 성경 구절은 주로 개역한글판을 사용했습니다.

나를 살리는 힘
요나던傳

다니엘 오

도서출판 새벽별
Morning Star

차례

비린내 7

1장 물 냄새 - 소명 CALLING

하나님의 사람, 명령을 받다 13
도망길 19
하나님의 사람, 심연으로 27
스올 - 죽음 32
베콜토다 34
스올이던 물고기, 무대가 되다 39
하나님의 사람, 삶으로 46

2장 사람 냄새 - 사회 SOCIETY

니느웨 53
하나님의 사자, 당도 61
슬픈 성공 65
요나, 바울 72
우리의 선택과 하나님의 선택 81
가장 앞서 있다는 착각 86
니느웨, 회개하다 93

3장 풀 냄새 - 자연 NATURE

　긍휼은 때론 분노를 낳는다 105
　야타브 111
　하나님의 사람, 초막을 짓다 119
　박넝쿨 126
　하나님의 사람, 박넝쿨을 잃다 134
　하나님, 요나에게 대답하시다 139

4장 가을 냄새 - 귀향 HOMECOMING

　요나, 돌아오다 153
　이스라엘의 회복 158
　요나 인생 5장 167
　한시적 회복 178

5장 그리고 향기 - 우리네 삶 OUR FAITH…

　요나, 의문을 주다 189
　원망 196
　구원 203
　사역 209
　사명 218

나가는 글 - 하나님, 우리와 동행하시다 227
에필로그 231
이야기 찬양 236
참고문헌 255

일러두기
1. 성경 구절 인용에 있어서 개역한글을 기본으로 했고, 문맥의 흐름에 따라 여러 역본을 사용함.
2. 원어의 발음을 한글로 표기할 때, 널리 쓰이는 음가로 함.
3. 내용의 이해를 돕기 위해 낯선 한자어와 외국어는 뜻을 밝힘.

비린내

이글거리는 태양 빛이 거대 도시 니느웨의 구석구석을 달군다. 하지만 그 찌는 듯한 열기론 분주하게 오가는 무수한 이들의 열의를 꺾을 순 없다. 사방에 뚫린 거대한 성문엔 큰 무리의 상단과 인파가 연이어 오간다. 굽이치며 도시를 관통하는 코셔 강 River Khosr은, 그 자체로 천연의 운하가 되어, 티그리스강에서부터 오는 크고 작은 선박을 맞이한다. 과연 장차 강력한 제국의 수도가 될 위용과 규모를 가진 도시다.

이 도시에서 사람들은 저마다의 소리를 낸다. 흥정하는 소리, 인부를 구하는 상인의 외침, 뛰노는 아이들의 재잘거림. 그뿐만 아니라, 달그락거리는 수레와 가축이 오가는 소리, 배 화물을 싣고 내리는 소리, 숙련공이 신상을 조각하는 울림과 커다란 건물을 건축하는 소리, 또 각종 종교적인 의식과 군사의 훈련하는 소리까지도. 그 도시는 자신의 풍요를 증명이라도 하듯 다채로운 소리와 소음을 내뿜는다.

이 도시에선 모두 저마다의 소리에 휩싸여 있다. 그렇게 하나같이 분주하다. 이곳에 메시지를 전달하기 위해선 더욱 거대한 소리를 내는 수밖에 없다. 그 어떤 고관대작, 심지어 왕이라 할지라도, 우렁찬 뿔피리로 길게 소리를 내야 잠시간 주의를 끌 수 있을 따름이다.

하지만 그런 니느웨 한 성문 어귀, '무음'이 번져 간다. 도시의 번영을 상징하는 소리가 잦아들다 못해 무음이 된다는 것은 결코 일반적인 일이 아니다. 실로 기기묘묘한 사건이다. 그렇게 형성된 무음의 영역Zone은 천천히 그 도시의 중심부로 옮겨간다. 그리고 그 영역에 속하게 된 자들은 누구라 할 것 없이 하던 일과 내던 소리를 멈춘다. 무음의 원인인 남자에게 주목한다. 대다수는 이례적이고 비현실적인 무음에 이끌리기라도 한 듯, 그 침묵의 영역을 발생시키는 자를 따르기 시작한다. 이쯤 되니까 마치 태풍의 눈이라도 그 도시에 형성된 것만 같다. 활기찬 도시답게 사방엔 평소대로 여전히 온갖 소음과 열기가 온통 휘몰아치고 있지만, 그 무음의 영역만큼은 그저 고요한 정적만이 존재한다.

그 남자의 모습, 아니 그보다도 그 **냄새**로 도시에 있을 수 없는 무음을 만들어 낸 경위를 설명할 수 있다. 그 남자는 온통 산발인 머리를 하곤 넝마에 가까운 옷을 가까스로 걸쳤다. 또 물고기 내장에서 뒹군 듯한 비린내가 코를 찌른다. 형용할 수 없는 악취 때문에 모두가 하던 것들을 멈추고 그에게 주목한다. 하지만 그 이후에 일어난 일은 여전히 의문이다. 그의 존재를 인지할 수 있는 거리의 사람들은 그 악취의 근원인 남자에게서 멀어지기보다는, 오히려 그의 말을 듣기 위해 귀 기울이며 몰려든다. 그를 인지한 사람들은, 그의 악취와 행색에도 불구하고 그에게 홀린 듯 몰려든다.

이윽고 그 남자가 도시 광장 중앙에 자리한다. 이제 그 남자는 일종의 소문이 된다. 입소문을 타고 도시 사방에서 사람들이 몰려든다. 하나의 인파가 형성되어 그 비린내투성이의 남자가 무어라 말하길 다들 기다린다. 그렇게 눈빛만이 교환되던 침묵 끝에 남자는 잔뜩 쉰 소리로 외친다.

"사십 일이 지나면 니느웨가 무너지리라."

찢어지는 목소리는 그가 억지로 짜낸 듯한 인상을 줬다. 그의 모습, 악취, 그리고 어색한 억양의 아람어를 보더라도 진지하게 들을 요소는 없다. 게다가 난데없이 멸망의 예언이라니? 그저 미치광이의 '허튼소리' 정도로 치부하고 무시하면 될 것이다. 하지만 그 모든 요소가 한 남자에게 모이자, 공교롭게도 니느웨 사람들에게 있어서 반드시 믿어야 할 "신의 전언"(傳言, Oracle)으로 여겨진다.

그들은 그 도시의 멸망을 예언하는 남자를 미치광이로 여기지 않는다. 오히려 그 모두가 그의 말을 진지하게 듣는다. 더러는 그의 말을 주변에 전달하기도 했고 더러는 그를 "에아Ea의 사자"라, 더러는 그를 "신의 사람"이라 부르기까지 한다. 몇몇은 두려움에 떤다. 눈물을 흘리는 자도 있다. 또 맨바닥에 무릎을 꿇는 자도 있다. 자신이 외친 말이 고스란히 받아들여짐에도 불구하고, 그 '예언자'의 얼굴은 어째서인지 극심한 비통함으로 얼룩져 한층 더 일그러진다. 이는 마치 그가 미치광이 취급을 받거나, 체포라도 되기를 기대하기라도 했다는 인상을 준다.

그는 자리를 옮겨가며 울부짖는다. 그 결과 온 도시가 요동한다. 고관대작들도 그를 보러 길거리로 나온다. 그의 몰골에도 불구하고 그의 곁엔 더욱 많은 사람이 몰려든다. 그럴수록 그의 목소리는 절규에 가까워진다. 그의 표정은 더 없는 서글픔으로 범벅이다. 이 유례 없는 성공이 그에겐 비통이라는 듯 말이다.

요나단傳

1장 물 냄새
소명 CALLING

하나님의 사람, 명령을 받다

당시 이스라엘 백성의 왕조는 북이스라엘과 남유다로 분단돼 있다. 어느 날 북이스라엘의 선지자, 요나에게 하나님의 응답이 내린다. 그 응답은 북이스라엘의 오랜 숙적 아시리아인의 도시, 니느웨 멸망에 대한 것이다. 이는 니느웨에 임할 멸망에 대한 경고지만, 요나는 알고 있었다. 하나님은 니느웨를 멸망시키려는 것이 아니라, 회개의 기회를 주려 하신다는 사실을. 그렇게 요나는 도망을 결심한다.

요나는 어째서 선지자로서 도망이라는 사상 초유의 선택을 했을까? 오늘날 우리 그리스도인에겐 늘 내주역사(內住役事: 믿는 사람의 내면에 거하시며 일하심) 하며, 친밀하게 소통하시는 하나님이란 개념이 익숙하다. 그렇기에 하나님과 소통한다는 것의 의미를 가벼이 여기는 경우도 빈번하다.

요나의 시대에 하나님께 응답받는다는 것은 현대의 그것과 분명한 차이가 있다. 이때는 십자가 이전으로 성령님이 내주역사 하는 시대가 아녔다. 따라서 어떠한 특별한 사명이나 은사가 필요한 시기에만 한정 하여 성령님이 선지자에게 임하셨고, 그것이 성취된 이후엔 떠나셨다 (삼상 10:12; 19:24). 그렇기에 구약의 사례를 살펴보면, 하나님의 사람의 '평소 일상'Daily Life과 성령이 임하사 대중 앞에 드러내 놓고 활동한 '공생활'Public Life은 제법 명확하게 구분된다.

이에 대한 가장 시각적인 예는 삼손이다. 초인적인 무력으로 유명한 사사(士師: 이스라엘이 왕정을 성립하기 전에 활동했던 정치·종교적 리더)인 삼손도, 그 무력을 평소에는 소유하지 않았다. 그 초월적인 힘이 필요한 결정적 순간에만 그에게 임했다. 물론 그런 때가 아니더라도, 삼손은 당할 장사가 없을 정도로 강골이긴 했다. 하지만 그에게 사명이 임한 시기엔 그야말로 슈퍼맨을 연상시킬 괴력, 아니 신력을 보였다. 그런 힘을 그는 때론 잃기도 하고 다시 회복하기도 한다.

그렇다면 성령께서 함께하시는 공생활이 일상과 명확하게 구분되어 있다는 것이 당시 사람에게 어떤 의미가 있을까? 초자연적인 은사나 힘, 또는 메시지가 그 대상에게 임하면, 곧바로 감당할 '특정한 사명'이 있다 이해했다. 그리고 그 사명을 이루기 위해 활동하는 것은 당연했다. 따라서 당시 사명엔 자유의지나 당사자의 선택이 개입할 틈이 없었다. 이는 일정 기간 예언자로 활동하던 사울 왕의 사례에서도 찾을 수 있다 (삼상 10:11~12, 19:23~24).

따라서 현대 그리스도인들에겐 익숙한 "사명을 찾는다", "주신 사명에 순종하기로 결심 했다"와 같은 개념이 당시엔 존재할 수 없었다. 당시 선지자들은, 자기 삶에서 이뤄지는 기적이나 특별한 능력이 '자신의 소유'라는 착각을 할 여지가 없었다. 따라서 '은사'나 '하나님의 메시지' 등을 여러 종교활동으로 '획득'하여, 특정한 분야를 자신의 '사명'으로 결정하거나, 주신 것을 일상에 유용하게 활용하겠다는 인식이 있는 요즘 풍토와는 전혀 달랐다.

그런 시대적 배경에서 활동을 하던 하나님의 사람 요나는 평생을 하나님께 순종하면서 살아 온 자이다. 하지만 니느웨를 살리는 사역만은 감당하고 싶지 않았다. 이는 단순히 믿음의 부족을 의미하지 않는다. 아시리아와 이스라엘 간의 역사, 그리고 니느웨가 존속함으로 인해서 벌어질 훗날의 일들까지 고려한다면 요나의 반응이 절절히 이해가 간다.

니느웨는 이스라엘의 역사적인 숙적 Historical Enemy이다. 요나의 시점에선 아직 훗날 이야기지만, 결국 니느웨인의 제국, 아시리아는 북이스라엘을 멸망시킨다. 그리고 그들이 정복한 나라에 행했던 잔학행위는 선혈이 낭자한 인류사에서도 특히 도드라지는 사례로 기억된다. 그들은 '충격과 공포' Shock and Awe 전략을 위해 의도적으로 끔찍한 잔혹 행위를 자행했다. 니느웨가 당장 멸망하지 않고, 생존한다면, 그것이 이스라엘 민족에게 위험이 될 것이다. 이런 예상은 비단 요나가 아니더라도 누구나 예상 가능한 불 보듯 뻔한 것이었다.

그렇기에 요나는 니느웨에서 멀리 떨어진 곳으로 가려 했다. 현대 그리스도인들이라면, 하나님께 여쭙고, 교우에게 털어놓거나, 목회자에게 자신의 고민에 대한 조언을 구하고 또 기도를 부탁할 일이다. 하지만 당시엔 그런 여지가 존재한다는 생각조차 할 수 없는 시대였다. 그만큼 요나는 혼자다. 때로 리더라는 것은, 또 하나님의 선지자라는 처지는, '사역자'라는 삶의 형태는, 그 자신을 철저하게 고립시켜 혼자가 되게 한다. 요나는 영적 리더로서 타인의 고민과 아픔을 보듬는 자다. 그런데 그의 고민은 단 한 터럭도 이 땅 누군가에게 맡길 수 없었다.

요나의 이 도망은 당연히도 니느웨의 회복을 원천적으로 막기 위함이 아니다. 하나님이 어떠한 뜻을 이루시는 것에 있어서, 사람이 꼭 필요하지 않음을 요나도 알고 있다. 아니 당대 그 누구보다도 더 잘 알고 있다. 그래서 요나가 도망을 결정하기 전에 하나님께 드렸던 기도는 다만, "하나님, 이러면 니느웨가 분명 회개할 것 같습니다"라는 호소였다(욘 4:2).

하나님의 전능하심은, 다윗 대에서 이미 시편의 노래 가사로 사용될 정도의 상식이다. 또 솔로몬이 집필하여 필독 도서가 된 잠언과 전도서에 기록하여 있을 정도로 보편적 지식이다. 따라서 요나의 '도망'은 니느웨의 회복을 막기 위함이 아녔다. 요나의 '도망'이 가진 의미는 그저 자신이 그 회복에 관여되고 싶지 않음이다. 이를테면 자기 대신에 다른 사람을 보내시라는 의미이며, 그는 이스라엘의 이익에 반할 행위를 할 수 없다는 절박한 의견 표출이다.

하나님의 전능하심과 마찬가지로, 하나님이 무소부재(無所不在: 그 존재와 섭리가 미치지 않은 곳이 없음)하시다는 지식은 창세기나 욥기의 배경인 고릿적 시대에도 비밀이 아녔다. 따라서 그런 사실을 하나님의 선지자로서 많은 기적을 경험했을 요나가 모를 리가 없다. 요나가 도망함을 통해서 항구적으로 하나님과 떨어질 수 있다고 믿었을 리 없다. 그가 영영 하나님을 피할 수 있다곤 생각하진 않았다는 말이다. 요나의 하나님에 대한 '시위' 내지는 '반항', 그러니까 자신의 극한 반대를 담은 무언의 호소다. 즉, 하나님께 "내 마음도 좀 알아주세요"라는 심경에 더 가까웠겠다.

그렇다면 요나서는 단순히 하나님에게서 도망하려는 자나 그분의 뜻을 그르치려는 자를 묘사한 것이 아니다. 만일 그랬다면, 총 4장 구성으로 짤막한 요나서에서 우리가 얻을 교훈은 '하나님의 명령에 반항하지 말라' 정도에 한정되어서 없다시피 할 터다.

하지만 요나서에서의 요나는 하나님과 의견충돌을 겪는 한 사역자이며, 또 자신의 성공을 두려워하는 자이다. 성공을 두려워한다고? 마치 성공을 담보하고 있단 자신감마저 느껴진다. 언어도 문화도 종교도 다른 적지의 한복판인, 니느웨에서 성공을 예상하는 점에서 요나는 이미 예사 인물을 넘어섰다. 그렇다면 그는 교회학교에서 동화적으로 묘사하는 어리숙한 선지자가 아니라, 오히려 원숙하고 뛰어난 선지자다. 그렇기에, 하나님이 그런 '반역'하는 사역자를 어떻게 대하실지 볼 수 있는 아주 특별한 예시이다. 그리고 그 반역의 아이콘이 되어야 할 사내는, 묘하게도 십자가의 죽음과 부활을 예표 하는 기적의 아이콘으로 기억된다. 주님의 손길로 인해서-

"요나가 니느웨 사람들에게 표적이 됨과 같이 인자도 이 세대에 그러하리라"(눅 11:30).

이야기찬양듣기
요나의 노래

도망길

사명에서 도망한 요나는 욥바에 당도한다. 아름다움을 뜻하는 이름을 가진 이 항구도시는 오늘날 국제법상 이스라엘의 수도인 텔아비브에 속한다. 현대에 와서는 더 이상 화물항은 아니게 되었지만, 고대부터 중세, 근대에 이르기까지 레반트의 대표적인 물류항(物流港: 무역이 이뤄지는 큰 항구)이자 휴양지로 이름이 높다. 과거 솔로몬 왕이 성전을 짓기 위해 백향목과 귀금속 등, 값비싼 물품을 이 항을 통해서 수입했다. 가치가 높은 물품들을 이스라엘 왕국 곳곳에 보낼 수 있도록 잘 정비된 도로망과 인프라가 자연히 갖춰졌다. 그리고 지중해를 통해 이스라엘 왕국을 방문했던 각국의 귀빈들이 머물 숙소와 공관 등도 마련되어 있었음은 말할 것도 없다.

비록 솔로몬의 영광이라 회자하는 그 찬란한 시대는 저물었지만, 그 황금기가 남긴 유산이 욥바에 여전히 남아, 국제 항구의 역할을 하도록

했다. 요나 당시 그곳은, 지금의 아름다움과 화려한 광경에 더해 레반트 무역의 중심지란 의미가 있는 곳이다. 아름다운 지중해를 팔 벌려 품을 듯한 해안선과 값진 교역품을 싣고 줄이어 들어오는 각국의 배들, 솔로몬의 꼼꼼한 성품이 반영된 질서 정연한 각종 건축물과 도시 조경, 그리고 그곳을 거닐기도 하고 또 분주하게 움직이기도 하는 다양한 인종의 사람들. 그 모든 요소가 어우러져 한 폭의 그림같이 수 놓인 곳이 바로 도망자 요나가 찾은 욥바항이다.

시대는 변해도 사람이 여행을 통해서 얻으려는 경험은 별반 다르지 않다. 그 여행지의 풍경, 그리고 사람 사는 모습들 자체가 그 경험의 주축이다. 그런 면에서 당시 욥바는 여타 이스라엘인의 도시들과는 사뭇 다른 경험을 주는 '관광지'이고, 골목 골목이 매력적인 별천지다. 여느 사람이라면, 아니 요나가 처한 상황이 달랐더라면, 요나의 이 방문은 소위 말하는 휴가나 안식에 가까웠을지도 모른다.

하지만 당시 요나에겐 풍경 따윈 아무래도 좋을 것이다. 그는 지금 하나님의 **낯**을 피하려 하고 있다. 그리고 묘하게도 그렇게 되자, 하나님이 만드신 자연 광경도, 하나님의 지혜로 이름이 높던 솔로몬이 세밀하게 구축한 도시의 경관도, 그 눈에 들어오지 못한다. 요나에겐 실로 아쉽게도, 그는 욥바의 호화찬란함을 조금도 즐기지 못한다. 그런 그가 다급히 도달한 곳은 배들이 줄이어 정박한 욥바의 부둣가다.

때마침 그곳엔 다시스행 배가 있다. 그는 급하게 삯을 치르고 배에 올랐다. 다시스는 지금으로 치면 스페인에 해당하는 지역이다. 이곳은 당시 지중해 패권을 장악한 페니키아인들에게도 아주 중요한 무역항을 가진 경제 도시다. 고대 그리스인들에게도 익히 알려져, 이를 타르테소스라 불렀다. 또한 다시스는 성경 시대에 종종 매우 먼 거리를 의미하는 수사적 표현Figure of Speech으로 사용하는 장소다(사 66:19). 우리말로 치면 '머나먼 이국땅'이란 의미이다. 당시 이스라엘인들에게 있어서 지중해를 통해 도달할 수 있는 '알려진' 땅끝이 바로 다시스였다는 사실이 관용구가 된 터다.

그렇다면 요나는 하나님이 주신 사명에서 벗어나 땅끝으로 향하기로 한 것이다. 니느웨는 동쪽에 있는 도시였고, 다시스는 욥바의 서쪽에 있는 도시니까, 정반대의 땅끝이란 말이다.

당시 바닷길을 통해 지중해 연안 도시로 향한다는 선택은 페니키아의 세력권에 들어간다는 것과 동의어다. 대다수의 지중해 연안 도시는 페니키아인들이 정착하고 있기 때문이다. 성경에선 이들을 가나안인人이라 칭한다. 성경에 빈번히 등장하는 두로와 시돈이 바로 이들이 세운 대표적 도시다.

페니키아인들은 지중해 곳곳에 도시를 세우며, 그들의 주신인, 바알을 잊지 않았다. 어느 페니키아 도시에나 바알 숭배가 만연했다. 다시스의 경우는 조금 더 독특했다. 그곳의 원주민과 이주한 페니키아인 사이에 종교와 문화가 활발하게 융합된 흔적이 있다. 바알로 대표되는 전통적인 페니키아신들과 경쟁이라도 하듯, 그곳의 토착신들도 활발하게 섬겼다. 따라서 다시스는 단순히 경제 도시가 아니라, 종교적으로도 대단히 의미가 깊은 도시였다.

상황이 이러할진대, 가나안의 이방 신들을 겸하여 섬기는 이스라엘 백성들 때문에 고생하던 선지자 요나에게 다시스가 과연 더 나은 형편을 제공할까? 이런 사정으로 인해 하나님의 사람인 요나가 그곳에서 어떤 '행복'을 누릴 수 있을 리 만무했다. 이 모든 사실을 요나도 익히 알고 있다. 이는 달리 말하면, 요나는 하나님의 낯을 피해, 땅끝으로 간다고 해서, 그를 위한 어떤 낙원이 있으리라는 환상을 가진 철부지가 결코 아니다. 그는 오히려 더는 삶에 애착이 없는 듯하다. 그저 니느웨 회복에 '가담'하지 않기를 바라는 것만 같다. 따라서 요나에게 있어서 다시스란 장소 그 자체엔 커다란 의미가 없었을 터다. 그저 마침 니느웨 정반대에 위치한 땅끝 행 배가 있었기에 몸을 실었을 뿐이다.

그 목적지가 중요하지 않다면, 우리는 무엇에 주목해야 할까? 요나의 이야기에서 실로 독특한 부분이라 할 수 있는 점은 다름 아닌 바로 도망의 이유다. 여느 사람이라면, 사지(死地: 죽을 지경의 매우 위험하고 위태한 곳), 그러니까 이스라엘의 유구한 적성국인 니느웨로 향하게 되었으니 도망하였을 터다. 니느웨인은 이스라엘인과 필생의 원수임으로, 마치 사자 굴로 걸어 들어가는 감각을 준다. 그곳에서 겪을 고초나 참혹한 죽음이 어렵잖게 예상된다. 이스라엘인이 하나님의 이름으로 니느웨의 멸망을 외치다 잡히면, 결코 곱게 죽진 못할 테다. 처형 전에 참혹한 고문은 약정되어 있다고 봐도 무리가 아니다.

하지만 요나만은 달랐다. 요나는 그 고통을 두려워하지 않았다. 이는 그가 초인이라서가 아니다. 오히려 애초에 니느웨에서의 사역이 실패를 약속한다면, 그리고 확실한 죽음을 보장한다면, 그는 도망하지 않았을 것이 분명하다. 오히려 요나는 니느웨에서의 사역이 성공할 것이라는 확신을 가지고 있다. 지금 그가 가장 두려워한 것은, 니느웨에서의 **성공**이다.

그렇기에 요나는 하나님의 명령에 정면으로 반대하고 사역지에서 멀리 도망하려는 유일한 선지자일 뿐만 아니라, 성공을 두려워하는 아주 독특한 인물이다. 이러한 점 때문에 요나의 서사는 때론 '믿기 때문에' 반역할 수도, '신앙이 있기 때문에' 하나님의 뜻에서 멀어질 수도 있다는 가능성을 보여준다. 믿음만 있으면 뭐든 하나님의 뜻에 따라 살 수 있고, 나 자신을 죽일 수 있고, 내 자신의 사정이나 감정을 초월할 수 있다는 막연한 생각에 대한 반박, 그 실례가 바로 요나다.

요나의 사례로 묘사되는 **하나님의 사람**은, 모든 의지와 생각이 소멸하고 하나님의 뜻만 남은 존재가 아니다. 제아무리 대단한 은사가 있고 뛰어난 신학적 지식이 있다고 해도 마찬가지다. 위대한 선지자조차 하나님과 이견이 생기고 또 반항도 한다. 모든 세월이 흐르면 결과적으로 하나님의 뜻만이 성취되는 것은 분명하다. 하지만 믿는 자에게도 과정이란 것이 존재한다는 사실을 요나의 삶을 통해서 확인할 수 있다. 그럼 그런 이견은 어떻게 해소될 수 있을까?

하나님은 당신의 사역자가 경건하지 않고, 거룩하지 않은 반항의 과정에 있을 때 어떻게 그를 대하실까?

그런 의문들의 중심에 위치한 요나는, 다시스행 배의 밑층 깊은 곳에 자리 잡고 잠을 청한다. 그가 몸을 실었던 배는 승객을 위한 크루즈나 유람선이 아니다. 무역선에 가까웠다. 따라서 호화스러운 객실이나 융숭한 대접은 생각할 수 없다. 그에게 허락된 곳은 그저 화물로 가득한 배 밑창 한구석이다.

이는 하나님을 피하려는 마음의 표현이라고 보긴 어렵다. 다윗의 고백을 통해서 스올의 깊음 중에서도 하나님이 계신다는 것은, 이스라엘인들에겐 이미 상식이 되었다. 이를 세련된 신학 용어론 하나님의 편재(遍在, Omnipresent)라 표현한다. 그렇다면 요나는 누구를 피해서 배 밑창에 자리했을까?

사람.

요나서의 이야기는 사실, 우리 모두의 인생 사연이 그러하듯, 온 세상에 하나님과 요나, 그 단둘만 있었다면 전혀 문제 되지 않았을 이야기다. 민족, 국가, 정치, 역사 등의 복잡한 이해관계가 없다면, 선지자 요나는 그저 하나님의 뜻에 순종하면 그만이다. 하지만 주변에 사람이 있기에 이야기는 한층 더 복잡해진다. 그로 인해 요나는 오해받는다. 민족의 반역자나, 니느웨의 앞잡이라는 못된 이름이 붙는다. 심지어 자신의 사명 때문에 사랑하는 고국에 실질적인 손해를 끼칠 수 있는 상황이다.

당시의 요나는 그 누구에게도 온전히 이해받지 못했다. 요나의 처지에 처해본 이가 없기 때문이다. 하나님이 요나에게 주신 사명은, 가장 앞선 선교의 기록으로 회자할 만큼, 아주 이질적이고 새로운 까닭이다. 심지어 오늘을 사는 우리 그리스도인들조차 때론 요나를 우스꽝스러운 자로 여기고 얕잡아본다. 마치 요나가 겪는 처절함은 오로지 그만 겪는, 그만의 사정인 것처럼.

이 땅엔 요나를 이해할 자가 없다. 그래서 요나는 멸시당하는 선지자이자, 외로운 사역자이다. 영적 리더라는 입장 때문에, 그 흔한 신앙 상담도 받지 못할 정도로 고독했다. 요나는 배 밑창 깊은 곳에 숨어 들어가며 자기의 내적 상태를 현실에 구현했다. 그의 육적인 삶 역시 배 밑창에서 고립된 것이나 다름없었기 때문이다.

드디어 홀로 남은 요나는 곧 아주 깊은 잠에 빠져든다. 이는 그가 하나님께 니느웨로 향하라는 명령을 듣고 마음고생하며 뜬눈으로 밤을 지새운 것을 암시한다. 그리고 막상 하나님께서 보내신 사명의 자리에서 멀어지는 선택을 하자, 오히려 긴장이 풀렸는지, 아니면 그의 몸이 한계에 도달한 것인지, 온통 요동치는 와중에도 곤하게 잠든 것이다.

하지만 바다가 심상치 않다.

하나님의 사람, 심연으로

하나님의 사람은 바다 위를 항해한다. 하지만 바다와 바람, 배, 그리고 제비뽑기의 제비조차 요나의 반역에 협력할 생각이 없다.

배에 극심한 폭풍우가 덮친다. 갑판 위는 아비규환이 된다. 지중해는 평화로운 바다로 알려져 있다. 하지만 이는 오늘날 선박과 항해술이 극적으로 발전한 결과다. 과거엔 무수한 배가 지중해에서 마지막 항해를 경험했다. 오늘날도 그 일대의 기후로 인해서 발생하는 '지중해 폭풍'Medicanes은 예측하기 까다롭다. 미리 대비하고 피하기 어렵기에 매우 위협적이다. 요나의 시대보다 훨씬 후대인, 1차 포에니 전쟁 당시 로마의 튼튼한 함대조차 지중해 폭풍을 견디지 못하고 수백 척이 침몰한 사례가 있다.

머나먼 다시스와 가나안을 오갈 정도로 노련한 뱃사람들조차 예고

없이 찾아온 폭풍의 위력을 깨닫고 귀중한 화물까지 내어 버리기 시작했다. 일반적으로 값비싼 화물을 버리는 것은 최후의 수단에 해당한다. 그러니까, 그들은 이미 항해 노하우를 총동원해서 뭍으로 향하려 노력했으나, 아무런 소용이 없어 화물마저 포기한 상황이다. 선원들이 갑판으로부터 짐을 내어 버리다 보니 결국 요나가 있는 배의 가장 밑창까지 도달했다. 곧 그 난리 통에 곤히 자고 있는 요나를 발견한다.

폭풍우 속에서 이리 구르고 저리 구르며 배가 심하게 요동치는 와중에 배 밑창이라고 평안했을 리가 만무하다. 그들이 경험하는 태풍이 예사 태풍이 아녔듯, 요나가 자는 그 잠도 예사 잠은 아녔던 모양이다. 요나는 그 긴박한 상황에도 도무지 일어날 기미가 없다. 이 상황에 선장과 선원들이 느꼈을 황당함은 이루 말할 수 없다. 마치 요나는 현실에서 도피하여 꿈나라에 들어가 숨은 거 같다.

보다 못한 선장이 요나를 깨운다. 하지만 뱃사람도 아닌 요나가 할 수 있는 일이 무엇일까? 기가 막힌 나머지 깨워놓고 보니, 막상 별다른 보탬이 될 수 없는 자임을 선장도 알아본다. 결국 요나에게 네가 믿는 신에게 '기도'라도 해보라고 한다. 이렇듯 죽음의 위기에서 사람은 결국 신적 존재의 도움을 구하며 찾는다.

폭풍 속 생존을 위해 투쟁하는 과정에서 선원들은 저마다 믿는 신의 이름을 찾았으니, 이상한 요구도 아니다. 이스라엘인 정도만 제외하면,

당시엔 다신교적 신관을 가진 자들이 대다수였으니, 한 명이라도 더 기도하는 것이 좋다고 여긴 건 자연스럽다.

하지만 물심양면의 노력에도 불구하고 배를 폭풍 지대에서 벗어나게 할 수 없다. 더 이상 내버릴 화물조차 남아있지 않다. 배는 언제 침몰해도 이상하지 않은 상황이다. 그렇다면 머릿수라도 줄여야 한다. 이에 폭풍이 누구의 '책임'인지 알아보기 위해서 제비를 뽑자는 아이디어가 나온다. 종교적인 연유로 제비뽑기를 감행했다지만, 아주 비이성적인 행위는 아니다. 어쨌든 배가 지탱해야 할 무게도 줄어들 것이고, 조난 시 먹을 입도 적어진다. 또한 제비뽑기라는 방식으로 진행하는 임의의 선택은, 그 당사자에게 일종의 '공평'이라 느낄 장치가 될 수 있다. 오늘날의 주택청약 제도와 비슷하다고 생각해도 좋다. 그리고 실로 공교롭게도 그 생사를 건 제비뽑기로 요나가 뽑힌다.

이 자는 바다에서 잔뼈가 굵은 뱃사람들조차 공포에 휩싸이게 만든 큰 폭풍우 중에도 곤하게 잠을 자던 사내다. 이미 그 자체로 비범한 자라는 인상을 줬다. 그런데 그런 그가 제비에 뽑히니, 이는 단순히 그를 성난 바다에 던져버리고, 다음 희생자를 제비 뽑을 일이 아니게 된다. 이에 그들은 요나의 내력을 자세히 묻는다.

요나는 숨기지 않고 모든 것을 이야기한다. 자기는 히브리 사람이며, 하나님이 주신 사명을 내어 버리고, 그분의 낯을 피해 다시스로 도망하는 중이라고 증언한다. 이 대답에 선원들은 극심한 두려움을 느끼며 그에게 항변하듯 나무란다. 물론 그들에게 하나님에 대한 신앙이 있기에 그런 반응을 보인 것은 아녔을 것이다. 험한 바다를 상대해야 하는 선원의 특성상, 각종 '기운'이나 신적 존재들에 관해 관심이 컸던 영향일 터다.

그들 중에 '신'을 노엽게 하는 것을 넘어, 정면으로 반역한 자가 있다. 당시로서는 상상하기 힘든 행위다. 그 와중에 바다는 점점 험해져 간다. 마치 요나를 나무라는 선원들의 말에 동조하는 듯하다.

이제 요나는 그들에게 있어서 단순히 수상한 남자가 아니다. 그를 영적인 인물로 인식하기 시작한다. 그렇기에 어떻게 하면 이 폭풍우를 벗어날 수 있을지 묻는다. 요나는 이 모든 폭풍은 자기 때문에 발생했으니, 자신을 바다에 던지면 곧 그칠 것이라 담담히 대답한다. 이렇듯 본인이 죽음을 자청하니, 더 비범하게 느껴진다. 막상 선원들은 그를 감히 물에 던질 생각을 하지 못한다.

그래서 모두가 힘을 합쳐 노를 저으며 뭍으로 가보려고 한다. 어떻게든 비범한 요나를 살리고자 한다. 하지만 그 노력이 무색하게도, 그들이 힘껏 노를 저으면 저을수록 바다는 더욱 험악하게 그들을 몰아세운다. 결국 그들도 더는 견디지 못하고 큰 소리로 외쳐 하나님께 자비를 구하며, 요나를 바다에 던져 넣는다. 그 즉시 성난 바다가 잠잠해졌다.

이에 요나를 던져 넣는 것에 동참한 자들의 마음엔 하나님에 대한 경외심이 더럭 들어찼다. 결국 그들은 하나님께 제물을 드리고 서원한다. 그들이 드린 제물은, 온갖 화물을 던져 넣으면서도 끝까지 보존했던 아주 값비싼 물품과 도저히 버릴 수 없는 식량에 해당하는 물품이었을 것이다.

결국 바다에 던져진 요나, 그대로 수장되면 될 일이었다.

스올 - 죽음

폭풍우가 휘몰아치는 바다에 내던져진다. 그 몸이 성난 파도에 휩싸이기 직전, 거대한 "물고기"가 요나를 산 채로 삼켰다. 그 즉시 온통 물컹하고 비릿한 어둠이 그를 덮쳤다. 꿀렁이는 조직이 그를 바닷물과 함께 위장에 밀어 넣는다. 곧 끈적이는 점액과 형용할 수 없는 악취가 그를 덮는다. 이는 확실히 스올의 뱃속이다. 이쯤 되면 더 이상 생사의 문제가 아니다. 죽음은 이미 확정되었다. 다만 그의 의식과 고통, 비참함이 얼마나 오래 지속될지만 남은 상태다.

숨이 쉬어진다. 차라리 삼켜지기 전에 깨물렸더라면, 이 배 속에 물이라도 들어찼더라면 좋았으련만, 요나에게 남은 것은 천천히 그리고 고통스럽게 소화되는 일일게 뻔했다.

결국 그런 상황에서, 심신이 모두 경험하는 악취와 격통에서, 사람은 가장 의지하던 대상을 찾는다. 어린아이가 넘어지면 엄마부터 찾는 것처럼, 요나도 하나님을 찾는다. 그래서 성경의 표현대로 그야말로 고난으로 인해 하나님을 부른다. 또 부르짖는다. 이런 상황에서 하나님의 사람이라도 그 어떤 고귀한 언어를 사용하거나 제대로 격식을 갖출 수 없었다. 그렇기에 그저 비명 어린 절규만 나왔다.

그런데 그 말을 하나님이 들으셨다. 당시 예배와 기도의 장소이던 성전으로부터 더없이 먼 깊은 바닷속에서도 하나님이 들으신다. 그리고 어째서인지 요나는 그 사실을 분명히 알 수 있다.

그 와중에도 물고기는 격렬하게 움직인다. 어딘가를 향해 필사적으로 항해하는 듯하다. 이 자리엔 요나의 의문만 가득하다. 왜 당장 물이 밀어닥치지 않는지, 어째서 자기에게 의식이 있는지 알 수 없다. 어디가 위이고 어디가 아래인지도 모르겠다. 어떻게 숨을 쉬고 있는 걸까?

확실한 것은 하나도 없고, 자신은 결국 아무것도 모른다는 것만이 확실할 요나에겐 단 하나 확실한 것이 있다. 바로 하나님이 자기 말을 듣고 계신다는 사실.

하나님이 요나에게 무어라 답하신다. 그리고 그 답이 요나를 감싼다. 요나는 아주 기묘한 감정에 휩싸인다. '**기쁨**.'
기쁨? 기쁨이라니?

베콜토다

죽음의 문턱, 아니 이미 죽음의 잇새에 있다고 해도 과언이 아닌 상황에 요나는 기도한다. 그 기도에 담긴 것은, 기묘하게도 감사와 기쁨이다.

내가 받는 고난을 인하여 **여호와**_{The Lord}께
불러 아뢰었삽더니_{카라}
주께서 내게 대답하셨고
내가 스올의 뱃속에서 부르짖었삽더니
주께서 나의 음성을 들으셨나이다
주께서 나를 깊음 속 바다 가운데 던지셨으므로 큰물이 나를 둘렀고
주의 파도와 큰 물결이 다 내 위에 넘쳤나이다
내가 말하기를 내가 주의 목전에서 쫓겨났을찌라도
다시 주의 성전을 바라보겠다 하였나이다
물이 나를 둘렀으되 영혼까지 하였사오며

깊음이 나를 에웠고 바다 풀이 내 머리를 쌌나이다
내가 산의 뿌리까지 내려갔사오며
땅이 그 빗장으로 나를 오래도록 막았사오나
나의 하나님 여호와여 주께서 내 생명을 구덩이에서 건지셨나이다
내 영혼이 내 속에서 피곤할 때에 내가 여호와를 생각하였삽더니
내 기도가 주께 이르렀사오며 주의 성전에 미쳤나이다
무릇 거짓되고 헛된 것을 숭상하는 자는
자기에게 베푸신 은혜를 버렸사오나
나는 **감사하는 목소리**베콜 토다로
주께 제사를 드리며 나의 서원을 주께 갚겠나이다
구원은 여호와께로서 말미암나이다
- 요나 2:2~9

요나에게 있어서 물고기 배 속에 갇혀서 깊은 바다에 고립된 처지는 죽어 매장된 기분이다. 그는 그것을 "스올의 뱃속"에서 겪는 고난이라 표현한다. **스올**은, 못자리, 죽음, 무덤 등을 의미한다. 일반적으로 죽음 그 자체를 가리키는 말이다.

그 와중에 요나는 "주여!"하며, 하나님을 **부른다**(קרא 카라: 부르다, Calling). 그리고 그 즉시 하나님은 어떤 응답을 주신다.

주님이 응답하셨다는 그 사실만으로 요나는 뛸 듯 기뻤다.

그가 드리는 제사는 우리 성경에 '감사하는 목소리'로 번역된, '크게 목소리 높여 즐거이 부르는 감사 찬양'을 의미하는 '베콜 토다'בקול תודה 이다(2:9)[참조, CCK역은 베콜 토다를 "큰 소리로 감사 노래 부르고"(시 26:7)라고 번역했음].

이야기찬양듣기
베콜 토다

깊은 심연, 스올의 뱃속에서 요나는, 말 그대로 '찬양의 제사'를 드렸다.

이 모든 상황에 요나는 그가 아직 어렸을 때를 회상한다. 그가 하나님의 사역자가 되면서 드렸던 서원(נדר 나다르)을 상기한다. 그리고 이제, 그때의 초심처럼, 선지자에 걸맞은 길을 걷겠다 굳게 다짐한다. 이처럼 피조물인 우리는, 창조주 하나님의 구원을 목도하고 그가 주신 기쁨이 들어찰 때, 구원받은 자에게 걸맞은 삶을 살고자 하는 열의로 가득 차는 법이다(눅 19:8).

본문에 담긴 것은, 기쁨의 **반응**이다. 다시 말해, 요나의 기도를 원인으로 하나님이 마음을 돌이키거나, 요나를 생환하도록 은혜를 베푸신 것이 아니다. 마치 어린아이가 깜짝 놀라서, 아빠나 엄마를 부르며 찾듯, 요나도 "주여!"하고 하나님을 부른다. 바로 그 순간, 하나님은 이미 응답하셨고, 요나를 구원하셨다. 그리고 그 **결과**, 너무나 기쁜 요나가 고백한 찬양의 기도다.

성경은 요나가 기쁨으로 반응하기 전, 그와 하나님 사이에 오갔던 구체적인 대화를 생략했다. 그 통에 선지자로서 유례없는 반역을 저지른 자가 어떤 말로 하나님께 구했을지 알 수 없다. 또 하나님이 그에게 어떤 대답을 하셨기에 요나가 감사와 기쁨의 고백을 드렸는지도 상상의 영역에 자리한다.

만약 그 내용이 상세하게 기록되어 있다면, 오늘날 일상에 도입할 적용 점과 교훈을 요나서로부터 도출하는 데 큰 도움이 되었을 것이다. 그도 그럴 것이 하나님께 정면으로 반대한 선지자가 더 없이 극적인 상황에 드린 언어, 그것도 곧바로 응답받은 고백을 담은 아주 영험한 '기도문'이었을 테니까. 즉, 성경엔 읽는 독자의 입장에서 가장 관심이 갈만한 내용이 담기지 않은 것이다.

그래서 우리에겐 요나 인생에서 가장 극적인 순간에 드렸을 '기도문'이 없다. 그것이 회개였을지, 혹 도움을 구하는 언어였을지 알 길도 없다. 요나는 많은 간구를 드렸지만, 성경이 대담한 생략을 한 결과일까? 아니면 정말 "주님!"아도나이하고 부른 것이 요나의 '간구' 기도문 전부였던 걸까?

성경은 우리가 알고 싶은 것을 적어주지 않는다. 성경이 우리에게 주는 것은, 어디까지나 **성경이 주고자 하는 것**이다. 말하자면 우리가 원하는 것을 주는 것이 아니라, 우리에게 **필요한 것**을 준다. 성경은 마케팅적으로 본다면 전혀 팔릴 생각이 없는 책이다. 인파를 모을 생각이 없는 강연가다. 성경은 창세기부터 요한계시록까지 그저 "들을 귀 있는 자는 들으라."라는 태도를 담담히 유지한다. 요나서도 마찬가지로 2장 2절을 통해, 우리는 요나가 다급히 주를 불렀고, 주가 답하시고 들으셨다는 사실만 똑바로 알면 된다는 당당한 태도를 유지한다.

본문이 요나가 생환하기 위해 하나님께 용서를 구하며 간청하거나, 거래를 시도한 장면이 아니라면, 또 오늘날 그토록 유행하는, 문제 해결을 위한 만능 '기도문'이 아니라면, 이를 통해 성경이 우리에게 알려주고자 하는 내용은 무엇인가? 요나서 2장에 무엇이 담겼는가? 또 그 역할은 무엇인가?

스올이던 물고기, 무대가 되다

요나서 2장에 기록한 감사와 기쁨의 고백을 통해 요나가 믿음이 없거나 신앙이 부족해서 도망한 것이 아님을 알 수 있다. 전술했듯 그는 오히려 **믿음이 있기에** 도망하였다. 전지전능하신 하나님이 니느웨를 요나 자신의 사역을 통해서 회복시키실 것을 **믿었기에** 도망하였다. 하지만 눈에 보이지 않는 믿음을 어떻게 보이게 할 수 있을까? 따라서 하나님은 요나의 믿음이 빛날 무대를 마련하셨다. 그 무대는 요나가 스올의 뱃속이라 표현한 물고기 배 속이다. 그곳에서 그저 투명해서 보이지 않는 영적 가치인 '믿음'이 아른거리다가 점차로 그 형태를 띤다.

그 자리는 분명, 하나님이 응답해 주시기 전까진 물속의 관Coffin이었다. 즉, 스올 그 자체였던 물고기 배 속이, 주님이 응답을 주시자, 마치 요나를 위해서 마련된 개인 기도실, 혹 해저를 다니는 교통수단만 같다.

물고기는 필시 요나가 기도를 시작하기도 전에 그 선지자가 진정 있어야 할 뭍으로 향했을 것이다. 여기에 상상을 더한다면, 그 "물고기"는 소화액도 분비하지 않고, 물 한 모금 마시지 않고 요나의 생명을 보존하며 옮겨갔다. 요나가 경험한 이 폭풍은 통상 지중해 한가운데 위치한 크레타섬 서편에서 발생하는 기상현상이기 때문에, 뭍에 도달하기 위해 상당히 먼 거리를 헤엄쳐야 했다. 이 물고기는 필시 슈퍼 물고기라 해도 손색이 없다. 아니 이쯤이 되면 물고기가 맞긴 할까?

물고기 덕분에 요나는 하나님께 집중하고 몰입하여 기도할 수 있었다. 요나의 시대는 혼란의 시대였다. 요나의 사역터는 온갖 문제와 사건이 끊이지 않는 곳이었다. 온갖 소식과 '소음'이 요나를 찾아왔다. 문제는 요나가 이런저런 소리 소문에 그저 심란해하면 그만인 뉴스의 '시청자'가 아니란 점이다. 요나는 그 시대를 대표하는 영적 리더다. 그는 타인의 사건과 문제를 떠안고 아파도 하고, 기도도 하며, 또 해답을 내놓아야 할 처지다. 요나비둘기 이름의 뜻과도 같이, 무수한 전서구(傳書鳩: 편지를 배달하는 비둘기)가 각종 흉흉한 소식을 품고 요나의 거처로 날아들었을 것이다.

그래서 시대를 불문하고 사역자는 더없이 고단하다. 쉬어도 쉬는 게 아니다. 내 사역 대상자, 주께서 내게 맡기신 '양'을 위해 앉으나 서나, 심지어 잠을 자면서도 기도하는 처지다. 그런데 물고기 배 속에서 요나는 외부 세계와 완전히 차단된다. 그를 괴롭히던 소음도, 심란하게 하던 사람도 없다. 그 자리엔 하나님과 요나, 그리고 '죽음'만 있다.

죽음. 요나와 마찬가지로, 험난한 시절을 무대 삼아 사역하는 사역자들은 때론 '죽음'을 생각하곤 했다. 엘리야가 그랬고(왕상 19:4), 예레미야가 그랬다(렘 20:14~15). 이것은 단순한 자살 충동과는 그 결이 다르다. 오히려, 하나님의 사람은 세상과 짝할 수 없다는 야고보서의 말씀을 상기케 한다(약 4:4). 이처럼 요나도 물고기 배 속에서 '죽음'을 마주한다. 그런데 굉장히 흥미로운 사실은, 그런 '죽음'은 곧 그 하나님의 사람을 '믿음의 무대'로 초대한다는 점이다.

믿음의 무대. 아브라함과 이삭의 경우는 모리아 산이 바로 그 무대였다. 다윗은 오늘날에도 회자하는 골리앗과의 일전이 그러했고, 다니엘의 경우는 사자 굴이 그의 신앙이 빛나는 자리였다. 엘리야는 바알 선지자들과 목숨을 걸고 겨뤘다. 그렇다면 요나는 물고기 배 속, 깊은 심연의 수중이 그의 무대이다.

하나님은 당신이 쓰시는 사람에게 '믿음의 무대'를 마련해주시곤 한다. 하지만 그 '믿음의 무대'는 때론 '시험장'이란 오해를 받곤 한다. 왜냐하면, 성경의 표면적인 서사만 살폈을 땐, 하나님이 당신의 사람들의 믿음을 그 무대에서 '시험'하는 것처럼 보이기 때문이다. 하지만 이는 어디까지나 그 무대 위에 선 자들이 인간적인 관점에서 느낀 당시의 주관에 불과하다. 성경에 따르면 사람의 모든 것을 샅샅이 다 아는 전지하신 하나님께선 그 누구도 시험하지 않는다(약 1:13).

이는 단순히 신학적인 말이 아니다. 성경 그 자체의 맥락만 보더라도, 하나님이 사람을 시험하시는 듯한 장면은 실제론 '시연' 내지는 '공연'이란 단어로 표현하는 것이 더 적합하다. 예를 들어, 우리도 오직 '성공'을 확신했을 때만 시연이나 공연을 감행한다. 그 성공을 보장하기 위해서 예행연습도 하고 또 철저한 리허설도 한다. 그런 준비 과정에서 아무런 실수가 없이 매끄럽게 진행되는 것을 확인하고 나서야, 자기 사람들을 무대에 세운다.

물론 하나님의 경우는 리허설이 생략된다. 리허설이라는 것은 본무대에서 돌발적으로 발생할지 모르는 문제점이나 실수를 알아보기 위한 활동이기 때문이다. 전지하신 하나님은 굳이 그런 행위를 하실 필요가 없다. 즉, 그러한 절차 없이도 하나님은 당신의 사람이 성공할 것을 정확히 아시고 '믿음의 무대'에 올리신다.

특별히 요나의 경우, 하나님은, 그 '시연'에서 요나가 성공할 수 있도록 적극적으로 도우셨다. 처참한 상황에 부닥친 요나조차 감동하게 한 '응답'을 주셔서 그가 걸출한 고백을 하도록 이끄셨다.

그 물고기 배 속에서의 '시연'은 오롯이 하나님과 요나 사이의 비밀이 될 수도 있는 일이었다. 혹여 허락된다면, 천사 등 영적 존재들과 요나를 품은 물고기 정도나 알 수 있는 사건이다. 하지만 하나님은 요나의 **반응**을 고스란히 요나서에 기록하셨다. 요나서 2장 전부를 할애해서 요나가 기쁨으로 드린 고백을 비중 있게 다루셨다.

이를 통해 하나님은 요나를 보호하신다. 요나서의 서사 특성상, 요나는 자칫 천덕꾸러기에 '선지자로서 미달'한 믿음도 없는 자로 여겨질 공산이 크다. 하지만 실상 그렇지 않다. 신앙도 믿음도 없는 존재라면, 요나서 2장에 기록한 고백을 할 수 있을 리 만무하다.

하나님은, 요나의 기도를 수록하심으로 이야기 구조상 오해를 받을 수밖에 없는 요나를 위한 해명을 친히 해주신다. 요나가 하나님의 명령에 불순종하고 정반대로 향한 것은, 요나의 믿음 없음이나, 그가 가진 신앙적 하자 때문이 아니라는 메시지를 담으신 것이다. "그는 내 사람이다. 감히 그를 비웃지 말라."라고 말씀하시는 것만 같다.

그렇다면, 요나서 2장을 통해, 하나님은 요나뿐만 아니라, 요나의 이야기를 전해 듣는 타인까지 보호하신다. 이 '타인'엔, 요나서를 받아서 든 당시 독자뿐만 아니라, 우리 현대 그리스도인들도 포함이 된다. 다른 사람을 애매하게 오해하고 까닭 없이 비난하는 것은 우리 그리스도인들에게 어울리지 않는 모습이다. 하물며 하나님이 사랑하시는, 주님의 사역자를 오해하고 비방하는 태도는 말해 무엇하겠는가?

요나를 그저 천덕꾸러기나, 반역하는 미달한 선지자로 치부하는 것은, 요나가 경험한 이 물고기 기적이 결국 훗날 있을 그리스도의 십자가를 직접적으로 예표 한다는 점에서 우리에게 큰 손해가 된다. 성경 여느 구절과도 같이, 요나의 삶에도 하나님의 강력한 은혜와 고단한 하루하루를 살아가기 위해 꼭 필요한 위로가 담겨 있기 때문이다. 그것들을 발견하지 못하고 지나치는 것은 오롯이 우리의 손실이다.

하나님이 요나서에 담으신 은혜와 위로를 살피기 위해, 이제 요나가 감히 하나님에게서 도망하려 한, '표면적 행위'보다. 요나의 처지에 집중해 보자. 니느웨의 회복은 요나의 예상과 같이, 자기 민족, 이스라엘인의 이권에 반대된다. 군사적이나 정치적으로 따지면 이는 틀림이 없다. 게다가 이스라엘 민족은 그저 요나의 출신 민족이란 의미만 있지 않다. 이는 하나님이 그 옛날 아브라함-이삭-야곱의 계보를 통해서 구체화하신 거룩한 민족이다. 이를 위해 야곱은 하나님과 씨름했고, 모세는 이스라엘인들을 광야로 끌어냈으며, 여호수아의 사역을 통해 가나안에 정착했다. 그 장엄한 역사 끝에 완성된 민족이다.

이런 깊은 영적인 의미도 있었기에, 요나는 자기 민족의 이권을 그저 침해할 수 없었다. 이는 편협한 민족주의와는 결이 다르다. 요나의 심상엔 좀 더 복잡다단한 감정이 담겨 있었다. 그리고 이를 하나님 이외에 누가 알아주겠는가? 요나서의 구성을 보았을 때 하나님만은 언제나 요나의 마음을 알아주셨다는 사실이 분명하다. 그저, 요나는 하나님이 명령을 주신 당시엔 이를 알 길이 없어서 오해했을 뿐이다. 이런 견지에서 요나서는, 요나가 하나님에 관한 오해를 해소하는 **'과정'**을 담고 있기도 하다.

그런 상황과 어려운 과정에서도 요나가 하나님께 드린 기쁨의 '기도'는 말할 것도 없이 매우 뛰어나며 한 단어도 버릴 것 없이 모범적이다. 하지만, 그저 잊힐 수도 있던 기도문을, 하나님이 성경 한 장 분량이나 할애하여 온전히 기록하신 이유는, 그 자체를 우상화Idolize하라는 뜻이 아니다. 또는 모범적 기도문으로 삼아서 그대로 답습하도록 하기 위함도 아니다. 우리가 집중해야 할 부분은 기도에 담긴 '말'이 아니다. 진정 알아차려야 할 요소는, 그런 고백을 할 만한 **삶**을 살아온 요나와 또 그것을 성경 속에 기록할 만한 '고백'으로 여겨주신 주님의 **은혜**이다.

요나는 하나님께 반항하여 도망한 자다. 그런 자가 죽음의 위기에 내어 몰리자 하나님을 부른다. 세례 요한의 표현을 빌리자면, '장차 올 진노'를 피하려는 행위다. 하지만 그렇다 한들 하나님만은 결코 멸시치 않으셨다. 요나의 반항에도 그의 기도에 귀 기울이고 조건 없이 도우신다. 그러기에 성경은 요나서 2장을 통해 스올의 뱃속에서 부르는 우리의 기도도 들으시는 주님의 좋으심을 알라고 소리친다.

하나님의 사람, 삶으로

영문을 알 수 없는 기도문을 남긴 요나를 큰 물고기는 뭍에 토해낸다. 가까스로 다시 대지에 일어선 요나, 이미 삼일 심야가 지나있다.

사흘간 죽음을 경험한 요나. 이는 단순히 수사적인 표현이 아니었다. 요나는 물고기 배 속이 꼭 스올, 그러니까 무덤과 같았다(욘 2:2). 하나님의 도우심이 없었더라면, 그것은 단순한 기분 문제만은 아니었을 일이다. 무덤일 수밖에 없는 물고기 배 속이, 하나님의 도우심을 통해 '개인 기도실' 내지는 '믿음의 무대'가 되었을 뿐이다. 하지만 결국 요나에게도 체크아웃해야 할 시간이 왔다. 결국 뭍으로 뱉어내어진 것이다.

이쯤 되니까, 물고기는 꼭 예비된 운송수단과 같다. 요나도 요나 나름대로 절박하게 기도하던 그 순간, 요나를 품은 물고기도 물고기 나름대로 열심히 수영하여 뭍으로 도달한 것이다. 따라서 물고기도 즐겨 순종한 공로가 있을 터다.

그 결과 요나가 정확히 어디에 도달했는지는 알 수 없다. 요나서는 해당 정보를 주는 것에 관심이 없어 보인다. 좌우간 여기서 중요한 것은 요나가 결국 생환했다는 사실이다.

사흘 만에 보는 하늘과 빛, 풍경, 그곳에 요나가 뱉어졌다. 아직은 빛이 낯선지, 부신 눈을 찌푸리며 터벅터벅 걷는다. 그 뒤로 물이 넘실거린다. 모래와 흙이 자리한다. 나란히 찍히는 요나의 발자국은 여전히 한 쌍뿐이다.

물고기 배 속에서 하나님과의 극적인 만남을 경험하고, 또 그 응답에 감동하여 불후의 고백을 남긴 요나 앞엔, 물고기에게 삼킴 당하기 전의 삶이 고스란히 펼쳐져 있다. 늘 그렇듯 상황은 추호도 변하지 않았다. 니느웨는 여전히 이스라엘의 원수였으며, 그들을 구하는 것은 이스라엘의 이권에 반하는 것도 다를 바 없다. 이스라엘 백성은 여전히 하나님을 떠나 있으며, 산적한 정치·군사적 문제도 그대로다. 요나가 죽은 자 가운데에서 살아 돌아온 선지자라 할지라도, 그 자체로 이스라엘 민족의 변혁이 일어나지 않는다.

사람들은 늘 기적을 바라며 기적이 있다면 믿겠다고 말하지만, 막상 기적이 눈앞에 일어나면 둔감하다. 그것이 증명이라도 되면 그저 과학·

자연 현상에 편입해 버린다. 생환한 요나의 마음은 거대한 영적 승리를 경험하고도 현실 앞에 결국 삶의 의지를 잃고 로뎀나무 앞에 쓰러졌던 엘리야와 다르지 않다.

요나의 사명은 고스란히 남아있다. 그는 여전히 사명을 위해 니느웨로 향해야 한다. 앞서 언급한, 어쩌면 인류 최초의 '수중 운송수단'일지 모를 "큰 물고기"가 요나를 어디에 뱉었느냐에 따라서 육로로 가야 할 거리가 달라졌을 뿐, 변한 것은 전혀 없다. 전지전능하신 하나님이 어떤 변수를 연유로 그 뜻을 돌이키실 리 없기 때문이다.

하나님의 전지전능하심, 그리고 **변치 않으심**은 이렇듯, 하나님의 은혜와 사랑을 경험할 땐 더없이 소중한 것이다. 그분의 은혜와 사랑이 불변하며 또 우리의 실책에 좌지우지되지 않는다는 희망을 안겨주기 때문이다. 하지만 우리가 그분 뜻의 반대에 설 땐 더없이 큰 절망이다. 하나님은 우리의 협상 대상도, 회유의 대상도 되지 않으신다. 그분을 설득하여 마음을 돌이키시게 할 수도 없다. 이는 근원적으로 마귀가 하나님 앞에서 느끼는 극심한 무력감과도 유사하다.

전술한 것처럼 요나서 2장은 요나가 당초 도움을 구한 간구의 언어나, 그에 대한 하나님의 응답을 담고 있지 않다. 다만 요나의 희망찬 기도 말을 통해서 충분히 상황을 유추할 수 있다. 성경이 생략한, 하나님이 요나에게 주신 '응답'은, 요나에게 큰 기쁨을 주었다. 그 '기쁨' 덕분에,

요나에게 주어진 상황은 여전히 비참하고, 몸도 마음도 성한 구석이 하나도 없지만, 사명의 자리인 니느웨로 발걸음을 옮길 힘을 낼 수 있었다.

이렇듯 하나님은, 스올의 뱃속에서 요나에게 위력을 행사하고 협박한 것이 아녔다. 요나가 처한 위기를 빌미 삼아, 그를 강제로 떠밀어 사명 감당하게 하지 않았다. 오히려 하나님이 요나를 니느웨로 향하게 하신 방법은, 그에게 '기쁨'을 주는 것이었다.

요나, 다시 삶으로….

요나뎐傳

2장 사람 냄새
사회 SOCIETY

니느웨

거대 도시 니느웨는 오랜 세월 신화의 영역에 자리했다. 그저 성경에서나 찾을 수 있던 가상의 도시 정도로 여겼다. 그도 그럴 것이, 당대를 기록한 사료는 성경 외엔 없다시피 했다. 또 그 고대엔 성경의 묘사에 걸맞은 거대한 규모의 도시가 존재하기 어렵다고 여겼기 때문이다.

요나서는 도시가 3일은 걸어야 돌아볼 수 있는 큰 규모이며(욘 3:3), 그곳의 거주민을 12만여 명으로 명시했다(욘 4:11). 오랜 기간, 이 기록은, 니느웨의 존재를 믿는 사람들 사이에도 과장으로 여겨졌다. 그런 관점은 꽤 당연하다.

일반적으로 고대인의 숫자 기준은 현대의 그것과 다르다. 특히 맥락과 시대에 따라서 변하곤 한다. 현대인에게 있어서 숫자는 어떤 고정된 '사실'이라면, 고대인에게 있어선 어떤 중요한 메시지를 강화하기 위한

'보조'이다. 오히려 형용사적 역할을 한다고 이해해도 과하지 않다.

예를 들어 동양 고전에 등장하는, 8척 장신, 9척 장신과 같은 표현도 줄자로 정밀하게 잰 것이 아니다. 평균적인 키보다 도드라지게 크면 7척, 그보다 더 크면 8척 식으로 이름을 붙인 것이다. 고대인에겐 자연스러운 표현이 현대로 오자, 혼란을 초래한다. 현대인들은 당시 1척은 정확히 몇 cm였고, 이를 환산하면 키가 대략 2~3m라는 식으로 계산하며 머리를 긁는다. 이는 당시를 기록한 선조들 입장에서 당혹스러운 해석일 터다. 그들에게 있어서 그저 도드라지게 큰 키라고 전달하기 위한 수사적 표현이었기 때문이다. 따라서, 여타 고대 기록처럼 이 '3일은 다녀야 다 다닐 수 있는 12만 인구의 도성'을 고대인들 특유의 표현법으로 여기는 것은 타당한 면이 있다.

하지만 모든 인식을 바꿀 19세기가 찾아온다. 이라크 모술 근방의 유적을 발굴하던 일련의 고고학자 무리는 3㎢에 달하는 흙 언덕에서 무언가 이상한 점을 발견한다. 조사 끝에 그들이 선 자리가 바로 니느웨 성터란 사실을 알게 되었다.

본격적인 발굴을 시작하자, 전설로만 전해져오던 각종 유적과 유물이 그야말로 쏟아져 나왔다. '첫 도서관'이란 이명으로도 유명한 아슈르바니팔 도서관도 아주 주요한 발견물이다. 그곳엔 3만여 점의 점토판이 고스란히 자리 잡고 있었다. 거기에 적힌 정보는 잊힌 문명의 면면을 현대에 그려낼 소중한 밑그림이 되었다.

[아슈르파니팔 도서관에서 발견된 석판 일부 British Museum]

경악스러운 부분은, 남아있는 니느웨의 성터는 극히 일부라는 점이다. 소위 고대인들의 문학적 과장으로 여겼던, 그 성의 규모에 대한 성경의 서술은 사실에 가까웠다. 남은 흔적과 유적을 통해 구현한 원래 모습은 그야말로 장대했다. 연구에 따르면 이의 면적이 약 7㎢에 달하는 당대 세계 최고 도시였다. 이 제국의 경제·문화·정치의 중심지를, 12㎞

둘레의 까마득하게 높은 성벽이 감싸고 있었고, 요지마다 뚫린 15개의 성문이 도시에 활력을 더했다. 코셔 강은 도시 중심지를 가로질러, 제국의 젖줄인 티그리스로 무수한 배를 인도했다. 그리고 그런 물적 증거를 토대로 추정한 당시 니느웨의 인구(성벽 밖 거주지나 농촌 지역을 제외한, 도심지에 한정)는 10~12만 명이다(Chandler, 1987; Modelski, 2003). 이는 요나서의 기록과도 일치한다.

비록 요나서의 기록과 학자들의 추정치가 대동소이하다 할지라도, 그것이 반드시 동일한 수치를 의미하지 않을 가능성은 있다. 요나서를 받아 든 당대 사람들은, 12만이란 숫자보다 더 큰 무리를 예상했을 수 있다. 왜냐하면 통상 이스라엘인들은 실질적으로 병역을 감당할 수 있는 인구를 집중하여 계수했다. 그런 경위에서 아이와 여자는 그 수에서 빠지곤 했다. 이를 두고 일각에선 여성이나 아이들을 차별한 증거로 여기기도 하는데, 그것은 과한 해석이다. 이는 사실 병역, 노역, 부역 등, 세금과 관련된 문제였기 때문이다.

이를 오늘날 기준으론, 세대(世帶, Family)로 셌다고 보면 된다(대상 7:2~5, 21:5; 마 14:21, 15:38; 막 6:33; 눅 9:14). 이는, 이스라엘 역사상 최초로 모세가 실시했던 인구조사 방식을 따른 것이다(민 1:1~46). 그 인구조사의 목적은 가용 병력을 추산하기 위함이었다. 출애굽 한 이스라엘 백성들은 이제 전쟁도 수행해야 한다.

모세는 최초의 인구조사 방식에서 레위 지파만은 빼라고 엄히 명했다(민 1:49~53). 이는 혹여나 후대에 레위인을 전쟁에 동원하거나 세금을 물리지 못하도록 원천적으로 차단하기 위함이다. 그로 인해 레위 지파는 그들의 '사명'인 성전 관리에 전념할 수 있었다(민 1:52~53). 모세는 이스라엘 백성이 요셉 대로부터 430년의 세월 동안, 고센에서 파라오의 귀중한 자산인 가축을 돌보는 가신(家臣: 권력자 가까이에서 그를 돕고 섬기는 사람) 집단에서 노예로 격하되는 과정을 익히 알고 있다. '시간'이 위정자와 시스템을 어떻게 뒤틀어 두는지 알고 있다. 그래서 구조적으로 레위인을 특별하게 구분하여 이를 근원적으로 방비하고자 했다.

하지만 결국 모세의 가르침도 만고풍상(萬古風霜: 오랜 세월과 많은 고생)을 견디지 못하고, 예수님 대에 이르러선, 레위인이 그 명맥을 잃는다. 제사장 집단이 가진 율법적 정통성은 희박해진다. 결국 단순한 정치집단에 가까운 세력이 되고 만다. 그런 이들이 집권하여 권력을 휘두르니, 그 가르침과 지도력에 의문을 가진 바리새인, 사두개인, 서기관 등으로 대표하는 세력이 각축전을 벌이는 혼란기가 도래한다.

모세가 견지한 인구에 대한 이런 태도는 아주 흥미롭다. 이는 단순히 종교적 체제 유지만을 위함이 아녔다. 인구조사를 한 기준으로 세금과 병역을 부여하는 국가 경영 특성상, 숫자를 부풀려 기재하는 게 유리했다. 어떤 국가가 작정하고 세금을 부과할 땐, 동서고금을 막론하고 "절구까지 사람으로 쳤다.", "뱃속의 태아까지 계수했다."라는 흉흉한 이야기가 돌 지경이 된다. 그렇기에 모세가 창안한 이런 계수 방식은, 위정자에겐 아주 불리하고, 일반 백성에게 유리한 구조다. 즉, 비단 레위인 뿐만 아니라, 인구조사의 숫자에 포함되지 않는, 아이나 과부로만 이뤄진 '가구'는 그 자체로 면세 혜택을 보는 것이다. 왜냐하면 군역, 부역 등 노동 본위의 세금에서 자유로울 수 있었기 때문이다.

12만여 명이란 숫자는 그저 요나와 가까운 시대, 요나서를 받아 든 이스라엘 백성들이 그것을 여전히 징집할 수 있는 12만여 명의 남자로 이해할 가능성도 있었단 정도만 확인할 수 있는 요소다.

그럴지라도 두 가지 이유에서 큰 문제가 되진 않는다.

첫째, 숫자를 '팩트'로 여기는 것은 지극히 현대적 관점이다. 요나서의 집필자에게도, 또 요나서를 읽었을 당대 독자들 입장에서도 니느웨에 정확히 몇 명이 사느냐는 관심사가 아니다. 사정이 이러니, 어떻게 계수했는지도 핵심 정보가 될 수 없다. 그 중심점은, 니느웨의 장대함을 묘사함에 맞춰있다. 어떤 기준으로 니느웨의 인구를 계수해도, 요나 당시 최대 규모의 도시임엔 틀림이 없다. 따라서 요나서 상의 12만이란 표현은 저자의 의도를 성공적으로 전달했다고 볼 수 있다.

둘째, 현대의 추정치는 이 거주민의 범위를, 성벽 안에 거주하는 사람들만으로 한정했다. 하지만 니느웨 규모 정도의 성 주변엔 촌락, 농장,

마을, 목장 등이 형성되는 것이 일반적이다. 더욱이 니느웨는 종교, 상업, 정치의 중심지로서 거상 등, 상당한 유동 인구를 보유하고 있었다. 오늘날 서울도 인구는 약 천만 명이지만, 유동 인구까지 더하면 약 삼천만 명이 오간다고 하는 걸 생각하면 되겠다.

만약 니느웨의 인구가 단지 12만 명이 아니라, 일부 주장처럼 12만 세대에 가까운 보다 더 큰 대단위 규모로 본다면, 하나님의 속성 중 하나인 **거룩성**의 그 장대함을 엿볼 수 있다. 우린 거룩(Holy: 구별함)이란 단어 뜻에만 집중해서 그런지 거룩한 것을 생각할 때면 자꾸 무언가를 지우려고 한다. 배제하고 없이하는 것을 연상한다. 하지만 막상 하나님의 거룩성의 범주를 살펴보면, 아주 적은 단위(아브람 개인)에서 시작해서 아주 너른 범위(예수님의 구원)로 오히려 확장해 왔다.

	아브람	야곱	모세	예수님
범위	개인/가족 ⇨	민족 ⇨	국가 ⇨	범인류
방편	언약	혈통/언약	율법	십자가
소속 되는 법	믿음			

[하나님의 거룩성으로 품으신, 하나님의 백성의 범위]

이처럼 거룩하신 하나님은, 그저 주님을 믿고, 신앙을 가진 나 하나만을 보지 않으신다. 내 주변 가족과 내 가족이 소속한 교회와, 그 교회가 소속한 사회, 국가, 그리고 세계를 아우르신다. 하나님의 셈법엔 그 모두가 포함되어 있다. 그렇기에 집안에서 홀로 회심하여 그리스도인이 된 경우에도 절망하지 않는다. 오히려 나를 통해 '나와 내 온 집을 구원받도록' 역사하실 하나님을 기대한다(요 4:53; 행 11:14).

고대인의 관점에선 애초에 니느웨에 사람이 정확히 몇 명인가가 중요하지 않고, 다만 아주 장대하고 무수한 사람이 있는 곳이라는 정보만 전달되면 그만인 곳에 '120,000'이란 구체적 숫자를 명시한 것은 하나님의 이러한 성품이 드러난 결과일 터다.

하나님의 사자, 당도

장대함의 상징, 그 거대한 규모의 도시 성문 어귀에 요나가 당도한다. 요나는 경험해 보지 못한 낯선 곳이다. 요나가 목도하고 있는 니느웨의 장엄함은 또 하나 중요한 시사점을 남긴다.

당시 이 성의 인구밀도는 현대 서울과 유사한 수준으로 추정된다. 그야말로 인산인해 그 자체다. 니느웨에 방문했단 것은, 당대 사람들에게 있어선 평생 할 사람 구경은 다 했단 말도 된다. 게다가 니느웨와 북이스라엘의 격차는 단순히 인구수에만 국한하지 않는다. 당시 니느웨는 군사·문화·정치·경제 거의 모든 면에서 북이스라엘에 앞섰다. 비록 요나의 때엔, 다소간 혼란기를 겪었지만, 그럼에도 북이스라엘을 국력으로 압도하는 것은 손쉬웠다. 또 설상가상으로 북이스라엘의 영적 타락으로 인해, 영적인 사정이란 기준으로도 선지자들의 존재 유무를 제외하곤 대동소이했다.

이런 점은 요나서의 내용을 이해함에 중요하다. 흔히들 요나를 세계 선교의 가장 앞선 기록으로 본다. 하지만 오늘날 선교와는 큰 구조적 차이가 있다. 로마 제국 내 기독교가 공인된 이후, 교회사에서 선교의 의미는 통상 더 발전하고 더 부유한 문화권의 선교사가 상대적으로 발달하지 못한 국가에 가는 것이었다. 이런 구조 속에서 선교사는 선교 대상지에 영적인 지식을 제공할 뿐만 아니라, 어떤 의식적 계몽까지 시켜주는 것이라는 의식이 은연중에 있다.

이는 비단 고릿적 이야기나, 제국주의 시대, 식민지에 경쟁적으로 선교사를 파견하는 신교·구교의 모습으로 박제된 과거의 역사가 아니다. 우린 때로, 신앙을 먼저 가졌단 이유만으로, 신앙에서의 후발주자를 계몽해야 할 대상으로 여기곤 한다. 하지만 성경의 입장은, 나중 된 자가 먼저 되기도 한다(마 19:30; 막 10:31). 즉, 시종 겸손함으로 나보다 남을 더 낫게 여겨야 한다는 것이다(빌 2:3).

국력의 격차를 고려하지 않고, 파송된 "선교사"인 요나와 니느웨인을 비교해도 사정이 더 낫지 못하다. 물고기가 요나를 이스라엘 연안에 뱉어냈다면, 험하고 멀디먼 광야 길을 수개월 횡단해야 했겠고, 기적적으로 코셔 강에 뱉어냈다면, 삼일 삼야를 물고기 배 속에서 지내다가 막 나왔으니 그 초라한 행색이야 말할 것도 없다.

즉 어떤 경로로 도착했어도 옷은 해어지고 몸은 지저분해졌을 것이 분명하다. 따라서 제대로 된 사역을 위해선 옷도 새로 사 입고 몸도 씻어야 했을 요나다. 그는 어느 황량한 사막 도시에 당도하지 않았다. 요나는 당시 초강대국의 중심도시에 도착했다. 그곳은 오늘날로 치면, 뉴욕의 맨해튼이다. 화려한 거리, 멋지게 차려입은 인파, 우뚝 솟은 건물과 고급스러운 조경, 그 풍요의 도시에서 오로지 요나만 거지꼴이다. 어느 면을 보나 '더 우월한 요나가, 더 열등한 니느웨를 계몽시켰다'는 그런 왜곡된 "선교"의 클리셰Cliche 구도는 나오지 않는다.

물론 이 사실이 요나를 주눅 들게 하진 못한다. 애시당초 요나는 사역 대상자인, 니느웨인들에게 잘 보일 생각조차 없다. 이 사역은 그에게 있어서 '실패'했으면 좋겠다고 생각하는 최초이자 마지막 사역이다. 이런 요나의 태도는, 그 마음에 여전히 자리한 슬픔과 갈등이 반영된 결과일 터다.

하지만 조금 이상하다. 분명 요나서 2장의 고백을 하는 요나는 아주 걸출한 믿음을 가진 존재처럼 보였다. 그저 하나님만 있으면 기쁨을 느끼는 존재인 것만 같았다. 그런데 물고기 배 속에서 나온 지 얼마나 되었다고 이런 형편없고 실망스러운 태도로 사역에 임할까?

그러면 요나서 2장의 고백은 그저 가식이었을까? 그는 단지 스올의 뱃속에서 환란을 면하기 위해서 그저 미사여구뿐인, 꾸며낸 기도를 한 것일까? 아니다. 그렇지 않다.

요나는 하나님과 단둘이 있던 그 순간이 진정으로 행복했다. 그래서 성경에 기록해도 좋을 수준의 아주 훌륭한 고백을 했다. 하지만 애석하게도 걸출하고 위대한 고백과 기도를 드렸다고 해도 우린 얼마든지 그 직후 실망스러운 언행을 보일 수 있다. 왜냐하면 그 어떤 종교 행위도 나 자체를 완전히 바꿔 놓을 순 없기 때문이다.

그렇다면 요나는 언행일치가 안 되는, 말만 번드르르한 자들에게 경고하기 위한 반면교사일까? 이 역시 그렇지 않다. 이런 상황에 담긴 것은 실은 은혜를 기반한 위로다. 요나는 결코 요나서 2장에 기록한 고백을 드릴 만한, 그에 '걸맞은 사람'이 아녔음에도, 하나님은 귀하게 보셨다.

요나가 기뻤던 것만큼이나, 하나님도 기쁘게 그것을 받아주셨다. 오히려 요나가 약함에도, 요나가 여전히 부족함에도, 필사적으로 기도에 담아낸 고백을 귀하게 여기셨다. 그렇기에 요나가 니느웨에서 형편없는 모습을 보일 것을 미리 아심에도, 그에게 힘을 주고 위로하여 니느웨에 당도할 수 있게 하셨다. 덕분에, 부족한 우리도, 오늘 나를 기쁘게 받아주실 주님을 기대하며 기도하고 찬양하며 또 기도한다.

슬픈 성공

요나의 바람대로라면 니느웨 거민들 가운데 그 누구도 요나를 진지하게 대해선 안 되었다. 니느웨인의 처지에선 '촌구석'이자, 대대로 원수이던, 북이스라엘에서 온 자를 얕봐야 했다. 그것이 요나에게 있어서 유일한 희망으로 작용했다. **실패**. 그래, 요나가 경험했던 여느 북이스라엘 사람들처럼 니느웨 사람들의 마음이 단단하여, 실패한다면, 요나가 가장 두려워하는 일은 발생하지 않는다. 하지만 어째서인지, 그럼에도 요나는 불안하다.

그런 요나는 외치기 시작한다. 비통하게 하나님이 주신 메시지를 전한다. 비록 그럴 기분은 아닐지라도, 하나님의 사람은 하나님이 주신 메시지를 한 터럭도 바꿀 순 없다.

"40일 뒤에 니느웨가 무너지리라."

니느웨 사람들은 아람어를 사용했는데, 당시엔 아람어가 이스라엘 사람들의 제1 국어가 되기 전이었다. 따라서 요나가 제아무리 유창한 아람어를 사용한다고 하더라도, 모국어로 아람어를 사용하는 사람들과는 꽤 차이가 있었을 것이다.

　그런데도, 성이 반응한다. 그야말로 격동한다. 회개의 물결이 온 성을 덮는다. 쏟아진 눈물만으로 그 성의 열기가 사그라들 정도다. 온통 난리가 났다. 모든 사람이 오열한다.

　하지만 그 누구보다도 더 대성통곡하고 싶은 것은 요나다. 깊은 바다 심연 속에서 경험하지 못한 아픈 슬픔과 처연한 냉기가 요나를 휘감는다.

　홀로 고립되어 죽을 위기 속에서도 하나님으로만 기뻐했던 요나였다. 그런데 생환하여 많은 사람의 무리로 들어간 요나에게 더 이상 기쁨은 없다. 물고기 배 속, 사람으로부터 단절되어 고립되어 있을 땐, 기쁨의 고백을 드렸던 요나가 이상스럽게도 당대 최고의 그 화려한 도시에선 주체할 수 없는 괴롬에 아파한다.

　니느웨에 메시지를 전하는 요나는 직감했다. 자기가 하는 사역이 성공할 것이라고, 자신의 사역이 역사에 유례를 찾아볼 수 없을 정도로 대성공할 것이라고 확신했다. 그리고 그 성공이 시각적으로도 명백해진 순간, 요나의 마음은 갈가리 찢어발겨진다.

니느웨가 살면 북이스라엘이 죽는다. 게다가 원수 니느웨는 단순한 메시지만으로도 돌이킨다. 그런데 율법을 가지고도, 언약을 소유하고도, 아브라함의, 이삭의, 야곱의, 후손임에도 회심하지 않는 이스라엘 동포를 생각하자니 마음이 무사할 리 없다. 최선을 다해 전했던 북이스라엘의 사역은 뾰족한 결과를 내지 못했는데, 어째서 니느웨에서만은 성취가 있는가?

상황만 보았을 땐, 하나님께서 이스라엘을 버리고 니느웨를 선택하신 것만 같다. 마치 이스라엘을 영영 유기하신 것만 같다. 니느웨의 잘됨은 이스라엘의 멸망을 예고하는 것과 같다. 그리고 요나의 불길한 예상 자체는 아주 틀린 것은 아녔다.

성경의 표현에 따르자면, 니느웨는 결국, 북이스라엘을 심판할 '도끼'로써 사용되었다(사 10:15 참조). 요나의 시기가 지나가고 많은 세월이 흐른 뒤, 니느웨는 결국 북이스라엘을 침공해 그야말로 모든 것을 파괴한다.

하지만 그렇다는 것은, 니느웨가 멸망한다 한들, 그들이 없어진다 한들, 북이스라엘에 예고된 심판을 피할 길은 없다. 도구가 중요한 것이 아니라, 그 도구를 다루는 주권자이신, '하나님'의 의지만이 중요하다. 주님께서 그 뜻을 돌이키시지 않는 한, 북이스라엘의 사정은 달라질 수 없다. 실제로 니느웨를 수도로 삼은 아시리아 제국이 멸망하고 난 뒤, 북이스라엘이 회복된 것이 아니라, 바벨론이라는 더욱 강한 국가가 등장했다. 그 이후엔 페르시아, 그 이후엔 마케도니아, 그 이후엔 로마. 이렇듯 수단인 '도끼'의 형태와 재질이 바뀔 뿐 달라질 것은 없다.

북이스라엘의 멸망은 이미 결정되었다. 요나는 그 사실을 눈곱만큼도 바꿀 수 없다. 그렇기에 요나의 맘엔 슬픔이 담긴다. 자기가 중보자로서 하나님과 이스라엘 사이를 화목하게 할 수 없음을 선지자 요나는 잘 안다. 그 누구도 하나님에게 선물을 드리거나 어떤 말 묶음을 전달함으로 설득할 수 없음을, 하나님의 사람, 요나는 잘 안다. 그리고 성경엔 요나와 같은 감정을 경험한 이가 수도 없이 많다.

특히 하박국도 그런 경험을 했다. 하박국서의 결말 부분은 다양한 노래로 각색되어 유명하다. "무화과 나뭇잎이 마르고…."로 시작하는 찬양. 하지만 하박국의 그 고백이 있기까지의 고단한 과정을 성경은 숨김없이 담아놨다. 하박국 1장엔, 하나님의 백성이, 자기들보다 더 악하고 하나님을 떠난 자들에 손에 의하여 강포와 살육을 당함을 목도 하는 선지자의 바스러진 심경이 고스란히 담겼다. 그곳엔 감사나 경건은 찾아볼 수 없다. 그저 처절한 피 울음으로 채색되어 있다.

결국 하나님은 의문투성이에, 심지어 원망으로도 보이는 하박국의 절규에 응답하신다. 그 결과, 상황은 전혀 변하지 않았어도 하박국의 마음엔 기쁨이 들어찬다. 이윽고 결말부인 3장 말미가 되어서야 그는 고백한다.

비록 무화과나무가 무성하지 못하며 포도나무에 열매가 없으며
감람나무에 소출이 없으며 밭에 먹을 것이 없으며
우리에 양이 없으며 외양간에 소가 없을지라도
나는 여호와로 말미암아 즐거워하며
나의 구원의 하나님으로 말미암아 기뻐하리로다
주 여호와는 나의 힘이시라
나의 발을 사슴과 같게 하사
나를 나의 높은 곳으로 다니게 하시리로다
- 하박국 3:17~19

    요나도 필시 이런 과정을 거쳐서 요나서 2장의 아주 걸출한 고백을 하였을 터다. 하지만 어쩌면 찬양과 고백, 간증은 부차적이다. 지면상에선 그것이 결말일 터지만, 막상 살다 보면, 그것 또한 과정이다. 실상 그것보다 중요한 것은, 그런 언어가 마음에 담기고, 이윽고 입술을 통해 표현할 수밖에 없었던, **삶**이다.

    요나서는, '고백'을 결말로 삼은 하박국서와는 다르게, '요나의 고백', 그 이후의 삶을 담았다. '요나의 이적'으로 인구에 회자하는 기적을 경험했어도, 요나에겐 아직 갈 길이 남고, 풀려야 할 의문이 남았다. 그렇기에 요나서는 문학적인 책이라기보단, 우리의 인생을 담은 한 편의 회고록 같다. 어느 인생이 영적 체험을 했다고 모든 굴곡이 사라지겠으며 그 즉시 모든 것을 초월한 초인이 될까?

놀라운 고백, 간증, 그 전엔 없던 찬양, 대단한 설교, 시대를 관통하는 책, 그 모든 것은, 우리 삶의 '결말'을 의미하지 않는다. 우리가 아무리 대단한 업적을 이룬다 하더라도, 아무리 강렬한 감동과 영감을 받았다고 해도 마찬가지다. 그럴지라도 인생은 영화가 아니라서, 엔딩 크레딧 Ending Credit이 올라가거나 하진 않는다.

만약 요나서가 그가 가장 빛나던 순간인 2장까지만 있었으면 어땠을까? 하나님의 뜻에 순종하지 않고 도망하던 요나가, 결국 물고기 배에서 회심하고, 그 결과 사명의 자리로 떠나는 결말이었을 터다.

"결국 물고기는 요나를 뭍으로 옮겨줬어요. 요나는 이제 하나님을 찬양하며 니느웨에서 훌륭히 사명을 감당했어요."

그런 식의 이야기로 우리에게 전해졌을 터다. 마치 우리가 어린 시절 좋아하던 동화의 결말과도 같이, "…, 그렇게 해서 공주와 왕자는 결혼했습니다. 그리고 오래오래 행복하게 살았어요."하고 말이다.

하지만 요나서엔 현실이 담겼다. 강렬한 경험 이후에도, 어떤 훌륭한 사건 이후에도, 우린 사람으로서 이 땅에서 여전히 살아야 한다.

그리고 요나서 3장에 그려진 요나의 삶은 강렬한 영적 체험 이후에도 마찬가지다. 그가 치열하게 살아 나가야 할 현실은 여전히 잔혹하다.

성경 지면엔 그의 과정이, 그의 고단함이 여과 없이 수놓아 있다.

　요나는 적지라고 할 수 있는 니느웨로 향했다. 죽음도 각오했을 터다. 이스라엘과 니느웨의 관계를 고려하면, 문제가 되는 건, 생사의 여부가 아니라, 죽음의 방식이다. 맞이할 죽음이 아주 길고 치욕스럽고 고통스럽지만은 않기를….

　하지만 요나는 그곳에서 미증유의 승리를 경험한다. 도저히 현실이라고 할 수 없을 정도의 경험이다. 모두가 요나의 말을 듣고 회개한다.

　그래서 요나는 슬프다. 그의 마음이 분노로 격동한다. 아픔으로 이리저리 찔려온다. 그가 내쉬는 호흡마다 시리고 또 자맥질하는 심장박동마다 괴롭다. 하나님이 요나를, 아니 이스라엘을 버리신 것만 같다. 이렇게 나열하고 보니, 선민(Chosen people: 하나님이 택하신 민족)은 이스라엘이 아니라, 꼭 니느웨 같다.

　이 현실을 보자니, 차라리 물고기 배 속이 그립다. 오장육부를 뒤틀어 놓는 사람 냄새보다야 비릿한 물고기 위장 냄새가 차라리 더 낫다. 오히려 스올의 뱃속이 그리울 지경이다. 그렇게 찢긴 맘으로 사명을 감당한 요나는 비틀비틀 성 밖으로 향한다. 그의 숨통을 죄이는 사람 냄새에서 멀어져 또다시 광야에 고립되고자 한다.

요나, 바울

요나의 심정은 그저 어린아이와 같은 미성숙함이 아니다. 요나와 가장 비슷한 심경을 품은 인물은, 사도 중에서도 단연 빼어난 바울이다. 특별히 로마서에 바울이 토로한 바울의 심정과 일맥상통한다.

요나서 1~2장에 기록한 물고기 사건이 예수님의 십자가 죽음과 부활을 예표 한다면, 요나서 3~4장은, 그 이후 사도행전으로 알려진, 성령에 힘입어 사역하는 사도들의 시대와 유사성이 있다.

그때도 요나의 때와 같이, 신앙적으로 더 나은 상황에 있던 유대인들은 회개하지 못한다. 도리어 율법도 모르고 하나님에게도 멀리 있던 이방인들이 회개하여 하나님의 자녀가 되는 현실이 펼쳐진다.

이 역설적인 상황에 이스라엘을 사랑하는 '하나님의 사람', 바울의 마음은 비통함으로 물든다. 마치 흰 천에 먹물이 번지듯, 그의 마음은 온통 눈물자국으로 범벅이 된다. 그런 상황에서 바울은, 이 맘을 알아주실 단 한 분, 하나님을 향하여 절규한다.

'주여, 이스라엘은 제 민족을 넘어, 당신의 민족이지 않습니까? 당신께서 소유로 삼으신 민족 아닙니까?'

이스라엘인의 신앙관에서 도저히 납득하기 어려운, 이질적인 이야기인 요나서는, 사도행전 시대에 이르러, 현실이 된다. 그렇기에 요나의 슬픔도 결국 바울에게 흘러 들어온다. 요나의 심경이 바울의 맘에 고스란히 침습한다.

바울도 요나의 마음이 되어 밤낮으로 절규하고 기도하며 그 탁류와 같이 맴도는 의문 안에서 괴로워했다. 바울의 그 남모르게 흐르고 흐른 그 비통이 복음 전달을 위한 매질이었다. 우리가 향유 하는 복음이 '값 없이 은혜로 주어진 복음'이 되기 위해서, 바울과 그리스도인 된 유대인들은 그 내면에 켜켜이 멍울진 설움을 견뎌야 했다.

지상대사명, 모든 그리스도인을 향한 그 명령의 내용은 모두에게 같다(마 28:19~20). 그 명령 앞에 성별도, 국적도, 나이도 아무 상관 없다. 모두가 같은 명령을 받았다. 하지만 그 사명의 시작점은 모두 다르다. 그 '사명 이룸'의 첫걸음을 떼는 장소와 그 여정의 경로는 모두 상이相異하다.

이는 단순히 사명 감당을 달성하기 위한 방식의 다름만을 의미하진 않는다. 요구되는 능력, 학력, 복장만의 문제였다면, 전교인을 위한 다양한 교육과정을 개발하면 될 터다. 하지만 이는 좀 더 개인적이고 근본적인 삶과 연관해 있다. 모두가 버려야 할, 포기해야 할 삶의 요소가 다르다. 성경 용어론 이를 자기부인Self-Denial이라고 한다(마 16:24; 눅 9:23).

이 개념은 그리스도인들에게 익숙하다. 그만큼 빈번히 강조하는 요소이니까 그러하다. 하지만 막상 자기부인을 설명하려고 시도하면, 모두가 흡족 할만한 답을 내긴 어렵다. 이는 모두가 '부인'하는 대상이 다르기 때문이다. 그러다 보니, 그 내역을 설문조사 하듯 받아 적어, 나열한다면, 성경이 말하는 자기부인의 범위는 삶 그 자체인 것만 같다. 그야말로 삶의 모든 요소가 나열되어 있을 터이다.

그런 관점에서 자기부인을 대하면, 마치 자아를 포기하고 인격체임을 부정하며, 또 감정이 존재한다는 사실조차 없이해야 한단 강박이 생긴다. 때론 살면서 만난 '사랑', 덧없고 짧은 삶에서 내가 마음을 둔 모든 소중한 대상도 하나님을 위해 포기해야만 할 것 같다. 그래서 어떤 이들은 가족도 버리고 결혼을 부정한다. 음식같이 삶의 기본적인 요소까지 금지한다.

"혼인을 금하고 어떤 음식물은 먹지 말라고 할 터이나 음식물은 하나님이 지으신 바니 믿는 자들과 진리를 아는 자들이 감사함으로 받을 것이니라"(딤전 4:3).

자기부인의 오해는 결국 자기파괴Self-Destruction를 마치 성경적인 태도인 것처럼 여기게 만든다. 공생애 기간, 그리스도를 만난 사람들의 삶은 더욱 삶답게 되었음에도, 복음을 우리 삶에 적용할 땐, 모든 삶의 요소가 파괴된다. 자기파괴적 적용이 우릴 보다 나은 경건으로, 좀 더 깊은 하나님과의 관계로 나아가게 한다면 참 좋겠지만 말이다.

그런 그릇된 적용의 최대 수혜자는 이단 사이비라는 점이 참 애석하다. 우리가 오해로 형성한 종교성을 쥐고 흔들어 이익을 얻는 대상은 다름 아닌 이단 사이비다. 그들은 현혹한 "신도"의 모든 삶을 그야말로 파쇄하고 분쇄하기까지 한다. 두 사람이 기적적으로 만나, 은혜로 이룬 가정까지 붕괴한다. 그렇게 "신앙심"에 교주에게 자녀도 바치고 재산도 내어주고 일상을 포기한다.

물론 하나님은, 얼마든지 우리에게 그러하실 수 있다. 뭐든 빼앗으실 수 있고, 무너트릴 수 있다. 여기서 "그러하실 수 있다."라는 말은, '가능성'에 대한 수사적 표현이 아니다. 이는 하나님의 '권위'에 대한 말이다. 하나님은 무엇이든 하고자 하면 '반드시' 하실 수 있다. 하나님이 무언가 하실 때, 원론적으로 아무것도 고려하실 이유가 없다. 왜냐하면, 하나님은 어떤 사회에 소속하지도, 이해관계에 얽히지도 않으시기에 하나님이다. 그분의 정당함은 다만 그분의 존재로 결정되는 것이지, 어떤 법

리나 논리로 결정되지 않는다. 즉, 그분에겐 권력의 크기나 재원, 시간, 도덕적 한계가 한정되어 있지 않다. 그러므로 그 아무것도 고려 대상이 아니다. 이를 신학적 표현으로 '하나님은 당신의 주권대로 **임의**로 하신다'라고 한다.

하지만 성경에 따르면, 다행히도 하나님은 우리를 선하게 대하신다. 이는 마치 작은 반려동물이나 아이를 안은 우리의 팔과 같다. 성인이 마음만 먹는다면, 품 안에 작은 생명체를 있는 힘껏 끌어안아서 치명적인 상해를 입힐 수 있다. 하지만 그러지 않는다. 그러지 않는 근본적인 이유는 '사랑'이다. 때론 생명 그 자체에 대한 사랑일 수도 있고, 관계성에 의한 사랑일 수 있다. 우리에겐 참 다행히도 하나님은 우리와 우리의 "세상을 이처럼 사랑"하신다(요 3:16).

하나님은 '사랑의 하나님'이 되기 위해서 우릴 사랑하시는 것이 아니다. 사랑하기로 선택 하셨기에 사랑하신다. 평생 율법을 공부하고 하나님과 동행한 사도 바울조차 이에 대해서 도대체 왜 사랑하기로 '결정' 하셨는지에 대한 답을 내리지 못했다. 그래서 기독교의 아주 특별한 개념인 '은혜'가 도출되었다. 은혜 외에는 설명할 수 없어서, 우린 그 사랑을 은혜라 한다.

우리 가진 자기부인이란 기준으로 요나를 대하면, 요나야말로 '자기부인' 하지 못한 자다. 그는 하나님의 사람임에도 '성깔'이 있다. 깊은 심연, 스올의 뱃속에 싸였다 나왔어도 자아가 고스란히 남았다. '죽음'을 경험했다가 뭍으로 나왔어도 니느웨에 대한 그의 '생각'도 변함이 없다.

이 점에서 그가 스올의 배 속에서 드렸던 기도에 회개적 요소가 없다는 점을 재확인할 수 있다. 성경이 말하는 회개는, 180° 돌이키는 것이다. 하지만 요나는 삼일 삼야를 물고기 배 속에서 지냈어도 여전히 '**요나**'다. 이를 하나님의 절대주권과 겸하여 관조하면, 한가지 적용 점을 도출할 수 있다.

하나님은 기적을 통해서 요나의 자아를, 그의 뜻을 말살하지 않으셨다. 요나를 요나 되도록 허용하셨다. 마치 불만투성이 요나, 도망자 요나가 좋으신 듯 말이다.

요나는 바울이 아니다. 마찬가지로 바울도 요나가 될 순 없다. 주어진 상황은 비슷하더라도 그 반응은 다르다. 물론 바울이라고 해서 처음부터 모든 상황을 납득할 순 없었다. 바울 정도의 사도라고 해도 그저 기뻐할 수 없었다. 그에게도 곰삭히는 '과정'이 있었단 흔적은 그가 사도로서, 또 하나님의 사람으로서 원숙한 말년에 집필한 '로마서'에 잘 표현해 있다.

"내가 그리스도 안에서 참말을 하고 거짓말을 아니하노라 내게 **큰 근심**이 있는 것과 마음에 그치지 않는 **고통**이 있는 것을 내 양심이 성령

안에서 나로 더불어 증거하노니 나의 형제 곧 골육의 친척을 위하여 내 자신이 저주를 받아 그리스도에게서 끊어질찌라도 원하는 바로라"(롬 9:1~3).

로마서 9장 전체를 할애하여 바울은, 신앙적으로 더 앞선 유대인들은 그리스도에게서 멀고, 이방인들은 그리스도인이 되는 상황을 신학적인 개념과 각종 비유, 구약에서의 사례와 언약을 동원하여 설명했다. 그 문장의 단락 단락마다 바울이 평생 고심한 흔적이 역력하다. 이 말 못할 의문과 슬픔을 바울은 곰삭히고 곰삭혀, '로마서'라는 신학계 굴지의 '작품'으로 승화했다.

요나와 바울의 입장은 근원적으로 같다. 하지만 그 결과물은 하늘과 땅 차이다. 요나는 끝없이 투덜거린다. 아파하고 괴로워한다. 결국 우리에게 남긴 것은, 요나서의 어쩐지 제대로 손질되지 못한 날 것 그대로의 모습이다. 마치 바울은 우등생과 같고 요나는 미달자인 것만 같다. 바울은 옳고, 요나는 틀린 것만 같다. 하지만 하나님이 보시기에도 그럴까?

그렇지 않다. 하나님은 요나에게서 바울을 찾지 않으신다. 마찬가지로 바울에게서 요나를 찾지 않으신다. 바울에게서 어떤 훌륭한 고백을 들으시겠다고 그를 큰 물고기 배 속에 밀어 넣지 않으시듯, 요나도 그 본연의 **성깔**을 갈무리하고 바울처럼 곰삭히게 하지 않으셨다.

실은 요나의 그런 투정이 가득한 과정이 없었더라면, 바울도 로마서 9장과 같이 위대한 글귀를 남기지 못했을 테다. 이는 바울이 그리스도의 구원을 이해하기 위해서 언급한 구약 인물들을 보더라도 명백하다. 1~3절에 자기의 고통과 의문을 토로한 바울은, 결국 구약을 터 잡아 자신의 의문을 해소한다. 하나님이 이스라엘 삼으심의 의미(4~5절), 아브라함과 이삭의 계보(6~8절), 그리고 그 이후 야곱과 에서(9~14절), 모세(15~18절), 선지서가 차용한 토기장이의 비유(19~24절), 호세아의 글(25~26절), 이사야(27~33절), 그리고 그리스도(33절)를 열거한다. 이는 마치 바울이 평생, 자기의 울분과 슬픔을 승화하는 과정을 고스란히 따른 듯 생생하다.

즉 이후 바울이 바울 될 수 있었던 것은, 구약의 시대를 치열하게 살았던 선조와 선지자들의 사례 덕분이다. 그리고 그 선조와 선지자들도 온갖 어려움과 의문의 틈새에서 살아낼 수 있었던 것은, 하나님의 은혜 덕택이다. 이를 결국 바울은 한 줄로 요약한다.

"그러나 나의 나 된 것은 하나님의 은혜로 된 것이니"(고전 15:10a).

그러므로 요나는 니느웨만을 위한 선물이 아니다. 요나를 통해서 공급하신 하나님의 은혜는, 요나의 때를 넘어, 니느웨를 넘어, 그 이후 모든 이들에게, 또 바울에게, 그리고 우리에게로 흐른다. 그리고 하나님의 은혜, 그 풍성함은, 그런 장대한 목적을 위해서, 요나를 요나가 아닌 다른 존재로 바꾸신 것이 아니라, 요나가 여전히 요나 되었어도 넉넉히 이루신 부분에서부터 샘솟는다.

우리의 선택과 하나님의 선택

요나서가 선교의 가장 앞선 기록이라면, 요나가 니느웨에서 전한 멸망의 메시지는 가장 앞선 '복음'이다. 받을 자격도 가치도 없는 자들에게, 그들이 평생을 노력해도 도저히 도달할 수 없는 '구원'에 이르게 한다는 점에서, 그 내용에 멸망의 예언이 담겼다고 해도 그것은 분명 **복음**이다.

그리고 그 복음을 대하는 요나의 슬픔엔 근원적으로 어떤 해묵은 오해가 작용한 바다. 그 오해는 신구약과 성령을 은혜로 받은 우리의 맘에도 존재한다. 바로 하나님의 선택에 대한 부분이다. 우린 선택과 유기를 짝지어 이해하곤 한다. 이는 로마서에서 바울이 구원의 서정을 알기 쉽게 설명하기 위해 채택한 방식이다. 따라서 그 자체로는 매우 효과적이고 훌륭한 접근이다. 하지만 이를 삶과 신앙 요소요소에 수학 공식에 숫자를 대입하듯, 대입한다면 다소간 문제가 발생한다. 특히 하나님께 적용할 때 그러하다.

　근원적으로 우리의 선택과 하나님의 선택은, 용어만 같을 뿐, 전혀 다른 의미와 원리로 작동한다. 우리의 선택은, 기본적으로 한정된 자원과 시간, 그리고 제한된 역량으로 인해 발생한다. 우리가 마음에 쏙 든, A 지역에 있는 아파트와 B 지역에 있는 아파트 사이에서 실거주를 위한 구매를 고민하고 있다고 가정하자. 우린 학군, 교통, 동네 환경 등 다양한 요소를 고려하며 신중히 '선택'한다. 이는 보통 둘 다 구매할 재원이 없기 때문이다. 또 물리적으로도 우린 두 구역에 거주할 수 없다. 그렇기에 두 대안 중에 더 나은 것을 선택한다. 결국 A 지역에 있는 아파트를 선택했다고 해보자. 이를 신학 용어로, A 지역 아파트를 선택하고, B 지역 아파트를 "유기"한 것이 된다.

　하지만 하나님의 선택은 다르다. 하나님은 사람과 다르게 양자택일 하실 이유가 없다. 원하신다면 그냥 다 가지면 그만이다. 사실 어느 부동산을 구매할지 결정하기 위한 고민 정도면, 갑부일 경우, 그저 둘 다 사면 그만이다. 두 아파트 모두 마음에 들고, 장래가 유망하다면, 그걸 놓고 고민할 이유가 없다. 하지만, 제아무리 재벌이라고 할지라도 삶이 강요하는 선택지를 두고 심사숙고할 상황이 찾아온다. 그 재력과 역량의 한계가 분명히 있기 때문이다.

　하나님에겐 한계가 없다. 그렇기에 그분의 선택과 유기는 우리의 양자택일과 차이가 있다. 가장 도드라지는 부분은 **선택의 근거**에서 발생한다. 우리의 선택은, 통상 어떤 이유가 있다. 중요시하는 항목을 나열하고 그것을 토대로 선택지를 비교하고 평가한다. 그래서 심사숙고 끝에 A 지역 아파트를 선택한 사람에게 그 이유를 묻는다면, "학군이 더 좋아서요", "직장과 더 가까워서요", "집 구조가 마음에 들어서요"라는, 질문자가 이해할 만한 답이 절로 나온다. 이렇듯 기왕에 큰돈이 들어가는 선택이라면, 당연히 둘 중 조금이라도 더 나은 대안을 택한다.

반면 주님의 '선택', 그 근거는 그저 그분의 '주권'과 '뜻'이라고 말할 수밖에 없다. 하나님의 선택과 유기를 설명하기 위해서 바울이 채택한 사례인, '야곱과 에서' 사이에서 주님이 하신 선택은, 이에 관한 대표적 예시다. 오랜 연구 끝에 바울이 발견한 '야곱과 에서'에 대한 하나님의 선택 이유는 딱히 '없었다'였다(롬 9:11~23). 더 정확히는 피조물이 명확하게 이해하고 인지할 만한 형태의 사유가 없다는 말이다. 그리고 바울에 따르면, 결국엔 하나님의 선택만이 옳다고 여김을 받는다(롬 3:4).

따라서 하나님의 선택은 어떤 더 나은 조건을 갖춘 대상이 받는 영예가 아니다. 그렇기에 하나님의 선택을 받기 위해서 하는 '노력'은 무의미하다. 성경이 말하는 바에 따르면, 우리가 '노력'하는 것은 실상 선택의 이유가 아니라, 선택의 결과다.

우리에게 하나님께 선택받을 이유를 형성할 수 없다는 것을 뒤집어서 말하면, 유기 받을 이유도 없단 말이다. 이는 모든 면에서 하나님이 만족하실 만큼 완벽한 사람에겐 비보이며, 모든 면에서 미달한 자들에겐 '복음'이다.

그리고 다행스럽게도, 하나님의 기준 앞에서, 그분의 선택을 당연하게 획득할 만한 의인은 아무도 없다(롬 3:10). 따라서 '복음'은 모든 이에게 빠짐없이 좋은 소식Good News이다. 즉, 하나님 앞에서 자기 자신의 처지를 제대로 안다면, 인류사에서 가장 온전하고 의로운 사람에게조차도 '복음'은 여전히 복음이다.

그렇기에 나의 관점에서 나보다 더 못한 자가 하나님께 선택받는다고 하더라도, 그것이 내가 버림을 받았다는 증거가 될 수 없다. 하나님은 양자택일을 하실 이유가 없다.

실은 요나가 니느웨의 구원을 보면서 절망할 이유가 없었다. 오히려 요나가 기대할 만한 것이 있다. 상대적으로 더 악한 니느웨도 구원하시는 주님이, 이스라엘엔 얼마나 더 큰 회복을 주실지 소망을 가질 기회였다.

물론 그것은 신구약을 전부 소유하여 그 이후 이야기를 잘 알고 있고, 또 성령님이 늘 내주역사 하여 주시는 은혜의 시대를 사는 우리들에게는 너무도 뻔한 속 편한 소리이다. 막상 요나가 당한 그 상황에 실제로 부닥친다면, 우리도 마찬가지로 서러워했을 터다. 우리는 한시적 존재로서 영원하신 하나님을 대하기에, 주님을 다 이해할 수 없다. 우리의 한정된 인지능력으로는 그분의 뜻을 다 알 수 없어 오해할 수밖에 없다. 그렇기에 요나와 똑같은 상황이 주어진다면, 우리라고 요나보다 더 나은 모습을 보일 리 없다.

가장 앞서 있다는 착각

또 한 가지 생각해 볼 수 있는 것은, 남보다 내가 앞서 있다는 착각이다. 자기들의 종교 행위로 자력으로 구원을 얻을 수 있다고 착각하던 예수님 당시 바리새인들과 제사장들은, 그 복음을 불공평한 것이라 여겼다. 그들은 조금만 더하면 구원에 도달할 텐데, 자격도 없는 자들에게 구원을 허락하신다니까, 화가 났다. 하지만 이는 단단한 착각이다. 그들도 하나님의 기준에는 한참 미달하였다. 혹여 당대 종교 지도자들에게 '영원'이 주어지고 더 많은 재원을 허락하여도 그들은 구원에 자력으로 도달할 수 없기 때문이다(행 4:12).

게다가 그리스도가 우리에게 요구하시는 것은, 우리가 스스로 죄인인 것을 자각하고, 자력으로 하나님의 선택에 이르지 못함을 인정함이다(마 9:12). 그렇기에 역설적으로 당대 종교 지도자들은 구원에서 가장 멀리 위치한 존재가 되었다.

하지만 그리스도를 통해 전달된 은혜의 범위는 그것보다 훨씬 컸다. 가장 소외되고 자격 없는 유대인만 수혜를 본 것이 아니라, 구원이란 명제와 전혀 상관없어 보이는 이방인들에게도 그 영향이 갔다. 귀결적으로 가장 큰 수혜를 본 것은 이방인들이다.

요나도 예수님 시대 유대인들과 같은 착각을 했다. 율법을 보유했기에, 또 아브라함의 자손이란 혈통이 있기에, 하나님과의 관계에서 이스라엘인이 좀 더 나은 존재라고 은연중에 생각했다. 물론 인간적으로 보았을 땐 백번 지당한 말이다. 이방인의 사도라는 이명으로 유명한 바울도 이스라엘이 앞선 점은 분명히 했다(롬 9:4~5). 이런 차이가 하나님이 선택하심에 있어서 그 어떤 유의미한 변수를 창출할 만한 것이냐는 점이 문제였다. 개미끼리야 상호 간 키 차이가 있겠지만 사람이 보기엔 다 같을 뿐이다. 하물며 하나님과 사람의 격차랴?

그럼에도 요나는 니느웨에 '복음'이 전달되고 '구원'이 임한 장면에 서러움을 느꼈다. 이는 사실 지극히 자연스러운 반응이다. 오늘날 우리도 마찬가지로 하나님을 먼저 믿었기에, '비신자'보다 더 나은 입장이라 여긴다. 하지만 애석하게도 하나님의 나라는 선착순이나 연공서열이 아니다. 먼저 된 자가 영원히 앞서지도 않는다.

이 점을 예수님은 '포도원' 비유로 설명하셨다(마 20:1~16). 이 비유에서 '포도원 주인'이 아침 일찍 일꾼을 고용하러 나간다. 한 데나리온이라는, 당시 일당에 해당하는 돈을 지급하기로 계약하고 품꾼들을 포도원에 들인다. 그 일꾼들만으로는 부족한지, 포도원 주인은, 2~3시간 간격으로 4차례나 더 나가, 일없이 노는 사람이 길거리에 없도록 전부 고용한다. 특히 마지막에 데려온 일꾼들은, 일을 시키기엔 너무 늦은 시각임에도 불러 들인다(7절). 그들이 늦게까지 일을 하지 못한 것은, 아무도 그들을 고용하지 않았기 때문이다. 아마 그 일꾼들은 신체 조건상 노동에 불리했거나 연로했을 것이다. 그토록 일을 찾는데 아무도 일을 맡기지 않았으니 말이다. 아니면 단순히 당시 경기가 안 좋았을 수도 있다.

곧 날이 저물고, 포도원 주인은, 늦게 온 일꾼들부터 한 데나리온씩 지급한다. 아무런 수익 없이 쫄쫄 굶을 줄로만 알았던, 마지막에 온 일꾼들은 크게 기뻐하며 가족이 기다리는 집으로 향한다. 이쯤이 되면 포도원 주인은 일손이 필요해서 일꾼을 고용한 것이 아니라, 그 자체로 사회 복지를 하는 듯하다. 먼저 와서 더 많은 노동을 감당한 일꾼들이 이를 보곤 기대한다.

늦게 와서 그야말로 출근 도장만 찍고 가는 일꾼들도 한 데나리온을 받는데, 하루 종일 수고한 자기들은 더 받을 줄로 알았다. 하지만 포도원 주인이 그들에게 건넨 것은, 역시 약속한 한 데나리온이다. 그들은 곧 불만을 터트린다. 그들이 종일 노동한 수고가 있는데, 별로 일하지 않은 자들과 동일한 임금을 받는 것이 불공평하단 취지였다.

하지만 한 데나리온은, 당시 기준에서 하루의 일당으론 충분히 후한 보상이다. 그들이 느끼는 불공평함의 근원은, 온전히 더 늦게 온 자도 그 혜택을 받았다는 사실 때문이다. 만일 더 늦게 온 일꾼에겐 더 적은 액수를 주거나, 그저 작은 빵이나 한 조각 건넸다면, 이런 불만은 존재하지도 않았을 터다.

사실 오늘날 우리에게도 이 비유는 불공평해 보인다. 묘사한 그 상황을 문자 그대로만 보면 결코 공정한 처사는 아니다. 저런 식으로 노동시간과 상관 없이 모두에게 같은 임금을 주는 회사가 있다면, 그 누구도 열심히 일하고 싶지 않을 테다. 그래서 때때로 해석하기 난해한 비유로 여기곤 한다.

하지만 이는 비유를 주신 의도를 충분히 의식하지 않은 결과이다. 예수님은 성경적 임금 책정법이나, 공정한 일당 배분을 설명하시려는 이유로 이 비유를 사용하지 않으셨다. 다시 말해 포도원 주인의 방식을 우리의 사업 모델로 삼는 건 올바른 적용이 아니란 소리이다. 이는 당시 청중에게 낯선 개념이었던 '천국'을 설명하기 위해서 채택하신, 상당히 역설적인 이야기다.

이 비유에서 천국은 포도원의 주인으로 의인화되었다. 천국은 어떤 장소로 우리를 막연히 기다리는 존재가 아니다. 도리어 주기적으로 인력시장에 나가 적극적으로 사람을 모집한다. 천국이 그들에게 '사명'을 주며 약속한 것은, 한 데나리온으로 비유한 '구원'으로 모두 동일하다.

하지만 뭔가 석연치가 않다. 여전히 적게 일하고도 구원받은 자들 때문에 마음이 영 불편하다. 내가 하나님을 믿기 위해 희생한 삶과 사역을 위해서 고생한 나날이 떠오른다. 그렇다면 우리가 적용해야 하는 교훈은, 최대한 빈둥거리다가, 가장 늦은 시간에 포도원 주인에게 고용 받는 것일까? 그렇다면, 젊어선 실컷 마음대로 살다가, 나이가 들어 기력이 쇠할 때 주님을 찾는 것이 가장 이득이란 말인가? 물론 그렇게 생각할 수 있겠다. 하지만 애석하게도 그럴 수 없다. 실은 우리 모두가 가장 마지막 시간에 초청받은 일꾼이기 때문이다.

이렇듯 전적 은혜로 말미암은 구원이란 명제 앞에서 불공정을 느끼는 이유는, 가장 앞서 있다는 착각 때문이다. 내가 아침 일찍 초청받은 일꾼이라는 착각. 내가 더 많이 양보하고 이해할 위치라는 착각. 그 착각들이 내면에 자리하여, 은혜와 감사를 느껴야 할 부분에서 서운함과 박탈감을 느낀다.

이 포도원 주인의 비유에서 각 시각에 온 일꾼이 상징하는 대상은 그 비유를 듣는 청자에 따라 유동적이다. 예수께서 비유를 전하셨을 때 청중들은, 그 먼저 온 자들을 당시에 신앙적으로 앞섰다고 생각한 종교 지도자로 여겼을 것이다. 그리고 나중에 들어온 자들은, 구원에서 멀리 떨어져 있다고 여겼던 소외 계층으로 보았을 것이다. 사도행전 때에 이르러, 복음이 이방 지역까지 확산하자, 초대 교회의 유대인 그리스도인들은 자신들이 곧 포도원에 먼저 온 자들의 입장에 섰음을 알게 되었을 터이다.

그것은 그 이후 이방인들도 마찬가지이다. 이런 '연쇄작용'을 통해 선명히 빛나는 것은 그저 모든 것이 은혜라는 진리다. 하나님의 기준을 충족시켜 구원에 이를 의인이 한 명도 없다면, 우리 모두 은혜에 의하여 오직 믿음으로 말미암아 구원받은 것이 분명하다. 그 시작점이 어떠하고, 가진 족보가 어떠하건 상관없이 말이다.

그럴지라도 아침부터 수고한 자들에 대한 감사를 잊을 순 없다. 나보다 더 노고를 보인 자들이 분명히 존재한다. 나의 믿음의 선배, 내 믿음의 선조, 그들의 피눈물과 희생이 오늘날 나에게 구원이 전달되는 통로가 되었다. 내가 가장 앞선 존재가 아니라는 점을 인지하고, 내가 가장 늦게 포도원에 합류한 일꾼의 대열에 속해있다는 점을 인정할 때, 비로소 은혜 앞에 감사만 남는다.

그 대단한 선지자 요나조차 구원이라는 큰 역사 앞에 가장 앞선 자는 아녔다. 아브라함, 이삭, 야곱 3대에 걸쳐, 그 각각 자격이 없음에도 하나님은 그들을 택하셔서 민족을 이루게 하셨다. 가장 앞선 자들조차 은혜로 시작한 이 구원의 역사는, 그간 무수한 선지자와 사역자가 흘린 눈물 강을 타고 요나에게 도달했을 뿐이다. 그럼에도 하나님은 그러한 점을 거론하며 요나를 억압하지 않으신다. 그저 그가 느끼는 감정을 이해하시고 인정하시며 잠잠히 기다려 주신다. 요나가 알아차릴 수 있을 때까지.

하나님은 우리가 상대적으로 먼저 된 입장일 땐 '서운함'을 느낄 수 있다는 점을 충분히 고려해 주신다. 그래서 우린 때때로 나에게 은혜를 베풀어 준 대상에게 따질 수도 있다. 비유엔 무례하게도 포도원 주인에게 항변하는 일꾼들이 있다. 하지만 포도원 주인은 항의하는 일꾼들을 괘씸하다며 계약을 백지화하고 내치거나 매질하지 않는다. 다만 좋은 말로 타이르며 약속했던 한 데나리온을 준다. 이는 구원이라는 큰 '대의'를 위해 무작정 이해하고, 어떤 부정적 감정도 가지지 말라 으름장 놓는 것은 하나님 뜻이 아님을 보여준다. 오히려 하나님은 기꺼이 우리와 논쟁하시며 우리 내면의 의문과 불만을 해소해 주신다(사 1:18~19).

니느웨, 회개하다

"니느웨 백성이 하나님을 믿고 금식을 선포하고 무론 대소하고 굵은 베를 입은지라 그 소문이 니느웨 왕에게 들리매 왕이 보좌에서 일어나 조복을 벗고 굵은 베를 입고 재에 앉으니라 왕이 그 대신으로 더불어 조서를 내려 니느웨에 선포하여 가로되 사람이나 짐승이나 소떼나 양떼나 아무 것도 입에 대지 말찌니 곧 먹지도 말 것이요 물도 마시지 말 것이며 사람이든지 짐승이든지 다 굵은 베를 입을 것이요 힘써 여호와께 부르짖을 것이며 각기 악한 길과 손으로 행한 강포에서 떠날 것이라"(욘 3:5~8).

니느웨는 결국 도시 단위에서 금식을 선포한다. 그리고 하나님은 그것을 회개로 여겨주시며 그들을 보존하신다. 이 장면에서 크게 두 가지 의문이 발생한다.

1. 니느웨는 대체 왜 회심했는가?

니느웨인의 관점에서 요나서를 보면 의구심이 가중된다. 활기찬 도시에서 여느 때와 다름없이 바쁜 일상을 보냈다. 그러던 어느 날, 웬 거지꼴의 히브리인이 40일 뒤에 있을 멸망을 전한다. 그리곤 훌쩍 성을 떠나버린다. 그리고 이상스럽게도 다들 그것을 믿는다. 멸망을 앞뒀다고 철석같이 믿고 모두가 체면을 버리고 울부짖으며 회개한다.

니느웨인이 토라(Torah, 율법서)라도 알았을까? 믿음의 선조들이 하나님과 함께한 이야기에 해박했을까? 그럴 리가 없다. 하나님을 믿는 신앙이나 배경 따윈 그들에게 없다. 오히려 그들만의 종교를 가졌다. 요나의 사역 이후로 니느웨가 하나님을 믿는 신앙으로 개종했단 근거는 고고학적으로도, 또 성경 내적으로도 없다.

당시 최첨단을 달리는 가장 발전한 문명은 니느웨였다. 그들에 비하면 히브리인들은 그저 가나안 촌뜨기에 불과했다. 그럼에도 거지꼴인 요나의 외침에 반응하고 회심한 것은, 그 상황을 겪은 요나뿐만 아니라, 요나서를 대하는 우리에게도 큰 의문을 남긴다.

일부 학자는 니느웨가 당시 혼란기를 겪고 있었음을 지적한다. 오랜 전쟁과 일식, 지진, 그로 인해 야기된 사회 혼란 등을 이유로 삼는다. 그들도 어떤 연유에서 '멸망'의 위기를 느끼고 있었고, 때마침 요나가 등장해서 멸망을 예언했기에 모두 귀를 기울였다는 해석이다. 하지만 그저 사회가 혼란하다는 이유로 요나가 그저 툭 던지듯 소리친 외침에 모두 호응했다는 것은, 고대인들을 너무 얕보는 처사가 아닐까? 과연 그것만으로 12만여 명이 전혀 듣도 보도 못한 생면부지의 외지인이 전하는 말에 귀를 기울일까? 그것도 성 단위의 금식을 선언할 정도의 반응을 보이는 것이 가능할까?

어떤 이는 그런 설명에 니느웨의 다신론 종교관을 덧붙이기도 한다. 니느웨는 다양한 신들을 섬겼다. 그중에는 지혜를 관장하는 신도 있는데, 그 신의 경우는 어떤 위기가 있을 때, 사람들에게 물고기나 비둘기를 보내, 필요한 신적 지혜를 전달 해준다고 한다. 마침 요나의 이름의 뜻은 비둘기다. 또 요나가 예사 비둘기랴? 요나는 물고기에게 먹혔다가 생환한 비둘기다. 어떤 경위에서 요나가 물에 던져졌다가 물고기에게 먹히고, 생환한 일련의 과정이 전달되었다면, 신빙성을 더할 순 있겠다. 그렇다면, 만약 요나의 몸에서 비린내라도 났다면, 도리어 신의 사자라는 근거가 될 수도 있었을 터다.

하지만 이 모든 것은 그저 이해할 수 없는 현상을 나름대로 설명하고픈 우리의 열망일 따름이다. 말을 아무리 늘리더라도 그 진상을 정확하게 그려내기는 어렵다. 우리가 가진 유일한 기록인 성경은, 그 점에 관해서 설명해 줄 의사가 없기 때문이다. 성경의 입장은 요나가 당시 느꼈을 황당함, 그 소식을 전해 들은 이스라엘인들의 당혹감을 우리도 고스란히 느껴보라는 것만 같다.

2. 어떻게 '유효'한 회심이 가능했는가?

이 의문은 니느웨의 회개에 대한 하나님의 '판정'으로 더욱 증폭된다. 하나님은 그들이 다가올 멸망을 믿고 회심의 모양을 갖추자, 용서해 주신다.

그런데 정확히 무엇을 하나님이 죄로 여기셔서 요나에게 멸망의 메시지를 전하게 하셨는지, 또 무엇을 그들이 회개한 것인지 요나서는 생략하고 있다. 그래서 하나님의 그 판정을 알 길은 없다.

하지만 이 생략은 요나 입장에선 당연하다. 요나의 처지에선 니느웨의 죄목 같은 것은 알 바 아니다. 그저 하나님이 요나에게 니느웨에서의 사명을 주셨을 때부터, 주님이 그들을 용서하실 생각이심을 알고 있었다. 그래서 도망했다.

니느웨의 유효한 회개는 구약의 입장에선 파격 그 자체이다. 구약의 기준으론 도무지 회심으로 판정할 만한 형식이나 근거를 갖추지 못했다. 이 지점에서 요나서의 기록이 가장 앞선 선교의 기록이며, 요나의 메시지가 가장 앞선 복음의 모습이란 점이 재확인된다. 즉 요나의 사역

전부가 장차 그리스도가 이루실 사역의 예고편이다. 이를 다르게 말하면, 요나서를 보면서 느끼는, 거저 베푸시는 파격적 용서는 실은 우리가 경험하고 있는, 우리가 받은, 바로 그 용서다. 니느웨를 향한 이치에 어긋난 듯한, 비논리적인 용서는 실은 우리를 향한 것이다.

사역자	요나	그리스도
이적	물고기 배 속에서 생환	죽음에서 부활
직접적 사역 대상	니느웨인	유대인
활동 기간	니느웨에서 하루	공생애 3년 6개월
직접적 결과	성 전체가 회심	일부 남은 자만 회심

<요나의 사역과 그리스도의 사역>

더 우월한 민족인 이스라엘은 받아들이지 못하는 복음을 전적으로 타락한 니느웨는 받아들인다. 그 어떤 선지자와 비교할 수 없을 만큼 더 우월하신 예수님이 더 우월한 십자가의 이적으로 오셨을 때도 이는 마찬가지였다. 요나는 단 하루 성에서 외쳤지만, 모두가 회심했다. 반면 예수님은 공생애만 3년 6개월, 육신을 입으시고 함께 하신 건 30여 년의 세월임에도 이스라엘 백성의 마음은 굳어져 일부 남은 자만 회심했다. 그런데 어째서인지 우리 이방인에겐 구원이 폭포수처럼 임해 오늘날에 이르렀다. 그래서 우린 이런 현상을 그저 은혜, 기적, 그리고 성령의 도우심이라고 밖에 설명하지 못한다.

사정이 이렇다 보니 우리가 경험한 구원으로 니느웨의 구원을 설명할 수밖에 없다. 우리는 어떻게 믿을 수 없는 십자가를 믿게 되었는가? 예수님을 주님이라 시인할 수 있는가? 성경은 말한다. **성령님**.

"그러므로 내가 너희에게 알게 하노니 하나님의 영으로 말하는 자는 누구든지 예수를 저주할 자라 하지 않고 또 성령으로 아니하고는 누구든지 예수를 주시라 할 수 없느니"(고전 12:3).

또 우리의 회심이 어떻게 유효한 회심이 되었는가? **그리스도의 피 공로**.

"이제는 전에 멀리 있던 너희가 그리스도 예수 안에서 그리스도의 피로 가까워졌느니라"(엡 2:23).

이를 한마디로 줄이면, 우리가 무엇인가를 하기 전에, 아니 창세 전부터 이미 우리에게 주신 **은혜**다.

"곧 하나님 아버지의 미리 아심을 따라 성령의 거룩하게 하심으로 순종함과 예수 그리스도의 피 뿌림을 얻기 위하여 택하심을 입은 자들에게 편지하노니 은혜와 평강이 너희에게 더욱 많을찌어다"(벧전 1:2).

그렇기에 니느웨에도 우리는 같은 결론을 내릴 수밖에 없다. 니느웨의 회심도, 또 구원도 결국 하나님이 그리하시길 원하셨기 때문에 이뤄졌다.

문제는 니느웨의 그 회개란 것은 영속되지 않았다. 하나님도 그것을 몰라서 용서하신 것이 아니다. 실은 니느웨의 회심은, 이후 역사를 두고 보았을 땐, 장차 올 환란을 피하기 위한, 급조된 회개였다. 종교 지도자들이 몰려들자, 그들을 쏘아붙인 세례 요한의 말이 떠오르는 회개다.

"요한이 세례 받으러 나오는 무리에게 이르되 독사의 자식들아 누가 너희를 가르쳐 장차 올 진노를 피하라 하더냐 그러므로 회개에 합당한 열매를 맺고 속으로 아브라함이 우리 조상이라 말하지 말라 내가 너희에게 이르노니 하나님이 능히 이 돌들로도 아브라함의 자손이 되게 하시리라 이미 도끼가 나무 뿌리에 놓였으니 좋은 열매 맺지 아니하는 나무마다 찍혀 불에 던지우리라"(눅 3:7~9).

하지만 그러면서도 세례 요한은, 찾아온 이들을 쫓아내지 않았다. 다만 회개에 합당한 열매를 맺으라고 권면했다. 또 아브라함의 자손이란 선민의식을 내려놓으란 당부를 했다. 그러고는 그들에게도 차별 없이 세례를 베풀었다. 마찬가지다. 하나님 또한, 니느웨가 짜낸 최선이 고작 하여 '한시적인 회개', 율법적으론 다룰 가치도 없는 엉망진창이었을지라도 받아주셨다.

사실 니느웨는 애초에 하나님에 대해 완벽히 이해할 리가 없다. 금식이, 잠깐의 작정 기도가 우리를 하나님의 사람으로 만들어 줄 수 없다. 또 믿음을 심어줄 수 없다. 운동하는 물질의 상태가 급변했을 때에 원래의 상태로 유지하고자 하는 관성의 법칙은, 사람 심리 및 신앙에도 적용된다. 그래서 대부분의 경우, 결국 사람 또한 자신의 행위로 돌아간다.

마치 요나가 잠시 엇나가는 것처럼 보였어도, 천리를 벗어나도 결국 하나님으로 돌아와 그 사명의 자리에 섰듯, 니느웨도 잠시 회심했어도 결국 자신의 하던 것에 돌아간다. 성경에 따르면 이는 개가 토사물로 돌아가듯 한다고 표현할 수 있다(잠 26:11).

그렇다면 그 순간의 회개는 그렇다면 무의미한가? 그렇지 않다. 그 과정을 통해서, 그 한시적이고 일시적인 회개를 통해서, 그중에서도 남은 자가 발생한다. 진심으로 회개한 자들이 발생한다. 무엇보다 그것을 통해서 위로를 얻을 '하나님의 사람'이 존재한다. 이는 마치 아브라함과 그의 조카 롯이 경험한 구원과도 같다.

하나님은 대를 위해서 소수의 의인을 희생시키지 않으신다. 소수의 의인을 위해서 하나의 성을 구하신다. 하나의 도시에 대한 심판을 유예하신다. 하나님의 공의는 분명하다. 분명히 성취된다. 하지만 조급하지 않으신다. '영원'이란 재화(財貨, Goods)가 그분 앞에 있다. 시간에 귀속하여 쫓기는 것은 다만 우리다. 결국 주님은 당신의 뜻을 이루신다. 하나의 빠짐도 없이.

하나님의 은혜가 그토록 크고, 하나님이 판정하는 '회개'가 더없이 쉽고 간단하다면, 어째서 북이스라엘과 남유다는 멸망했는가? 한 사람의 의인이라도 구하려고 심판을 유예하는 분이라면 어째서 야곱의 자손들은 심판을 겪었는가? 실은 당연한 답이 나와 있는 의문이다. 이스라엘 백성은, 그 쉽고 간단한 회개를 하지 않았다. 엉망진창의 회심조차 하지 않았다. 그들의 성읍엔 한 사람의 의인도 없었다.

오늘날 그리스도를 영접하기도 너무나 쉽고 간단하다며, 차라리 행위 구원으로 돌아가자고 외치는 어떤 과도하게 "경건한" 사람들도 있다. 하지만 실상은 그 너무나 쉽고 간단한 영접조차 성령님의 도우심이 없다면, 사람으로선 불가능하다(마 19:26; 막 10:27). 이 처절한 현실을, 성경에 기록된 이스라엘사史가 우리에게 가감 없이 보여준다.

믿어지는 것이 은혜고, 회개할 수 있음이 은혜다.

요나, 이젠 사람을 떠나 자연으로….

요나뎐 傳

3장 풀 냄새
자연 NATURE

긍휼은 때론 분노를 낳는다

"요나가 심히 싫어하고 노하여 여호와께 기도하여 가로되 여호와여 내가 고국에 있을 때에 이러하겠다고 말씀하지 아니하였나이까 그러므로 내가 빨리 다시스로 도망하였사오니 주께서는 은혜로우시며 자비로우시며 노하기를 더디하시며 인애가 크시사 뜻을 돌이켜 재앙을 내리지 아니하시는 하나님이신 줄을 내가 알았음이니이다 여호와여 원컨대 이제 내 생명을 취하소서 사는 것보다 죽는 것이 내게 나음이니이다"(욘 4:1~3).

요나의 이 대단한 사역의 성공은, 북이스라엘에서 달성했어야 할 일이다. 하지만 어째서인지 혈통으로는 아브라함-이삭-야곱의 계보에 속한 자들이며, 또한 율법을 소유한 자들임에도 복음에 반응하지 않았다.

아시리아는 당시 혼란을 겪었다. 이웃 국가와 지속적인 전쟁과 또 일식 등의 문제로 민심이 흉흉했다. 그런데 그 모든 상황이 있는 와중에 하나님께서 요나를 니느웨에 보내시니, 니느웨는 회개했다. 율법도 없고, 선지자도 없으며, 여호와에 대한 신앙 전통과 전승도 없어서, 하나님도 제대로 알지 못하는 민족이 자기들 나름의 이해와 방식으로 회개한다. 신앙적인 방면에서 뛰어난 요나가 보기엔 그야말로 엉망진창일 터다.

그런데 요나의 억장이 무너지게 한 결정적인 대목은 '하나님께서 그들의 반응을 회개로 여겨주시고 받아주셨다'라는 부분이다.

요나의 서러움과 절망 그리고 이스라엘에 대한 안타까움이 온통 범벅된 마음을, 니느웨 사람들의 어설픈 '회개의 몸부림'이 휘휘 저어놨다. 이제 요나의 마음 안에 담긴 생각은, 각각의 형태를 띠지 못하고, 그저 뒤엉킨다. 얽히고설킨 마음이 음절을 입고 그의 입에서 터져 나온다.

"주님, 제가 성공을 두려워한다고 말씀드리지 않았습니까?"

니느웨가 요나가 전하는 모든 멸망의 말을 듣고 회개한 모습에 요나는 괴로워한다. 넘실거리는 혐오감과 분노를 주체하지 못하고 하나님께 이렇게 될 것을 알고 있었다고 토로한다. 그러면서, 다시스로 도망을 결정하기 전에 하나님께 드렸던 기도를 언급한다.

요나의 말을 통해, 요나가 니느웨 사람들에게 당할 '험한 꼴'이나 순교를 두려워해서 다시스로 향한 것이 아님을 재차 확인할 수 있다. 그렇다. 요나는 쭉 자기 사역의 '성공'을 두려워했다. 얼마나 그것이 싫었으면, 3절에선 하나님께 죽여달라고 구한다. 이 부분은 로마서의 바울의 반응과도 대구(對句, Distich)를 이룬다.

"나의 형제 곧 골육의 친척을 위하여 내 자신이 저주를 받아 그리스도에게서 끊어질찌라도 원하는 바로라"(롬 9:3).

시대는 다르지만, 바울과 요나는 각각 자기 동족 유대인은 조건상 아주 유리한 입장에 있음에도 복음을 믿지 않고, 오히려 모든 면에서 불리한 이방인만 구원받는 상황을 목도 한다. 그리고 그 두 명의 걸출한 영적 지도자는, 똑같은 반응을 보였다. 다만 요나는 좀 더 날 것과 같은 상태였으며, 로마서를 집필할 당시 바울은 좀 더 성숙했을 뿐이다. 그래서 그 둘의 표현은 조금 달랐을지라도, 담긴 그 감정의 골자는 같다는 점이 인상 깊다.

요나는 육의 죽음을, 바울은 영의 죽음을 언급한 것은 어떤 대립하는 요소라기보단 오히려 더 조화로운 신구약간 대구로 이해하게 돕는다. 요나의 시대엔 영의 죽음이란 개념이 계시 되지 않았었다. 또 히브리 철학에선 영·육·혼을 특별히 구분하지 않고, 서로 나뉠 수 없는 이미 잘 섞인 색깔 찰흙으로 이해한다. 그러니까, 요나나 바울이나, 각자의 처지에서 죽음을 적절하게 표현한 것일 뿐이다.

　시간 축을 기준으로 그들을 빈 도화지에 그린다면, 더 앞선 시대의 요나는 시간 축 좌측에, 그리고 더 나중 시대의 바울은 시간 축 우측에 둘 수 있다. 두 인물 모두 각자의 시대에 받은 사명 때문에 고독해야 했지만 각자 맡은 사역을 감당해 냈다. 활동했던 시대는 달랐지만, 그 시간 축 정중앙에 그 두 인물을 하나로 묶는 십자가가 자리하고 있다.

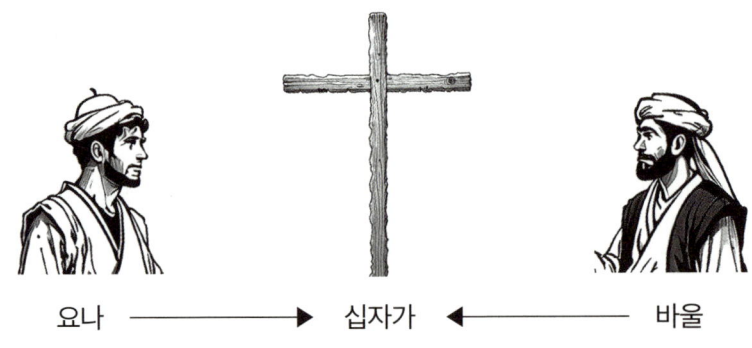

요나 ──────▶ 십자가 ◀────── 바울

　유대인들은 흔히 속죄일욤키푸르이라는 절기에 요나서를 읽는다. 그래서 니느웨 조차 용서해 주신 하나님, 그분이 우리도 용서해 주실 거란 희망을 얻는다고 한다. 무수한 세월 떠돌던 민족, 이스라엘이라 오늘날의 축일과 제사, 종교 행위가 바울 당시의 것과 동일하단 보장은 전혀 없다. 하지만 한 가지 확실한 것은, 바울의 때에도 요나서는 읽혔고, 또 그 이야기가 널리 대중적으로 알려졌단 점이 성경을 통해서 확인된다 (마 12:39~40, 16:4; 눅 11:29~32).

아직 예수 그리스도를 만나기 전, 어린 시절 바울을 떠올려 본다. 그가 처음 접했을 요나서는, 바울의 심중에 어떤 감정을 자아내게 했을까? 그에게도 역시 무언가 이상하고 의문투성이인, 하지만 왠지 끌리는 이야기가 아녔을까? 그러다 장성해, 가말리엘의 문하에서 수학하는 청년 바울을 그려본다. 그는 이제 율법의 관점에서 구약을 관조한다. 냉철하게 분석하기도 하고 또 비평하기도 한다.

그러다 어린 시절 그가 읽던 요나서에 다다른다. 이제 그는 어린 시절과 비교할 수 없을 만큼 다양한 지식과 해석력을 갖췄다. 그리고 한 줄씩 읽어가는 요나의 여정은, 바울에게 딱 떨어지는 해석을 줬을까? 아니, 그럴 리 없다. 요나서는 율법과 구약을 알면 알수록 더 이질적이고 더 이상한 이야기다. 하지만 그럴지라도 바울의 의식은 요나서에만 머무를 수 없다. 청년 바울은 생각하고 고민하며, 배워야 할 일들이 너무 많았다. 요나서 하나만 붙들고 그것을 진지하게 읽기엔 너무 바쁘다.

그러다 바울은 모든 것을 배설물로 여기게 된 사건을 마주한다. 다메섹 도상에서 그리스도를 만난다. 잠시 앞을 볼 수 없게 되기도 했다. 다시 눈을 뜨는 과정에서 기적도 경험한다. 십자가를 본다. 자기가 죄인 중의 괴수였음을 깨닫게 된다. 그리고 압도적 은혜가 자기에게도 임해, 용서받는 처지를 영적으로 경험한다. 그러고 나서 본 요나서는 바울에게 어떤 의미로 와닿았을까?

그런 견지에서 요나서는 온통 바울투성이다. 하나님의 사람들을 핍박했다는 점에서 니느웨와 바울은 다르지 않다. 또 동족에겐 거부 받는 복음이, 이방인에겐 환대받는 상황에, 남몰래 찢어진 마음을 가진 점에서 요나와 바울은 다르지 않다. 이윽고 요나서 4장에 짙게 드리운 풀냄새, 그래, 박넝쿨.

바울의 사역에도 그런 한시적 위로가 있었다. 함께 했던 동료들이 떠오른다. 떠난 이들의 얼굴도 떠오른다. 하지만 바울의 마음 역시 요나서 2장과 똑같은 자리에 머문다. 그곳엔 십자가의 그림자가 있다. 무덤 속 예수님의 3일간이 떠오른다.

요나라는, 그간 철부지로만 알았던 선지자의 고백에서 예수님의 심정을 조금이라도 유추할 단서를 얻는다.

그 두 인물 사이, 중간에 자리한 십자가의 틈을 통해 들여다보니, 수백 년간의 장벽이 존재해서 아스라이 멀게만 느껴지던 요나가 이제 바울에게도 선명하다. 바울 홀로만 느끼는 줄 알았던, 동족을 향한 아픔은, 실상 요나가 앞서 홀로 겪었다. 그렇게 하나님은 영적 권위자인 사도 바울도 성경을 보면서 공감하고 동병상련의 위로를 줄 자를 기록해 두셨다.

이야기찬양듣기
십자가 길을

야타브

바울과 심정은 같았을지라도, 요나의 행동은 바울과는 너무나 달랐다. 요나는 씩씩거리며 화를 냈다. 그런 요나에게 하나님은 물으신다.

"너의 성냄이 야타브 하다고 생각하니?" (욘 4:4)

야타브ⵡ, 이는 문맥에 따라 "좋게 하다, 아름답게 하다, 제대로 하다, 행복하게 하다, 잘 처리하다" 등의 의미로 해석한다.

다소 중의적인 단어라 우리 성경에선 다양하게 번역했다. 새번역에선 "네가 화를 내는 것이 옳으냐?"로, 현대인의성경은 "네가 성낼 만한 이유라도 있느냐?"로 해석했다.

영어 성경의 경우, KJV는, "Doest thou well to be angry?" (네가 화

를 내는 것이 옳으니?), NIV는, "Have you any right to be angry?"(네게 화낼 어떤 권리라도 있니?), NASB의 경우는, "Do you have good reason to be angry?"(네가 화낼만한 좋은 이유라도 있니?)라고 표현했다.

하나님의 이 질문을 뒤집어 생각하면, 하나님을 향한 야타브 한 분노, 그러니까 정당한 분노란 게, 마치 존재하는 것만 같다. 성경에 따르면 그런 것은 애초에 존재할 수 없음에도, 마치 그런 것이 있는 것처럼 하나님은 요나에게 질문을 던지시고 귀 기울이신다.

하나님과 요나의 격차를 고려했을 땐, 하나님께 분노를 표출하는 그 행동 자체를 책망하시는 게 자연스러울 것이다. 하지만 왕이신 하나님은 요나의 말을 들으려는 열린 자세로 그를 대하신다. 이 장면에서 주님은 그야말로 귀를 활짝 열어두셨다. 즉, 하나님은, 일부 요나서 기반의 동화처럼, "너 지금 화내는 거니?"라고 되물으며 감정싸움을 하는 중이 아니다. 이 장면에서 주님은, 요나가 당신께 화를 내는 행위 자체를 문제 삼으시지 않는다. 그렇기에 하나님이 단정적으로 요나를 틀리다 적시하지 않으셨다. 그저 요나가 숙고한 그 이유를 듣고 싶으시다.

이상하다. 하나님은 전지전능하시다. 요나의 심중 정도는 당연히 아신다. 물어보실 이유 자체가 없다. 또한, 요나의 그 분노가 야타브 하지 않음도 당연히 아신다. 요나가 제아무리 새로운 언어로 답한다 한들, 하나님 예상 밖의 답은 존재할 수도 없다. 그럼에도 물으신다.

"네가 화를 내는 이유가 무엇이니?"

그렇다면 이 질문은 하나님을 위한 게 아니다. 요나를 위함이다. 이는 요나에게 정보를 취득하거나, 그 의중을 알고자 하심이 아니다. 오히려 요나에게 생각할 거리를 주신다. 요나가 무어라도 이야기할 발언권을 주신다. 마치 조선의 일부 선한 왕들이 설치했던 신문고와도 같다. 상담자와 내담자가 진행하는 심리상담과도 같다. 고충을, 아픔을 표현하는 것은 그저 발성기관으로 소리를 자아내는 행위에 그치지 않는다. 사람은 그 감정을 토로하는 것만으로도 기분이, 그 '한'恨이 풀린다. 하물며 적절한 공감과 위로가 있다면 내면의 상처까지 회복된다.

놀랍게도 이는 하나님께 드리는 기도와도 일맥상통한다. 기도는 본연 비논리적이다. 전지전능하신 하나님께 무언갈 토로한다는 행위 자체가 논리적으로 불필요하다. 하나님은 다 아시는데, 우리가 굳이 기도하여 어떤 정보를 전달할 이유가 없다. 그럼에도 기도는 신앙의 아주 핵심적인 요소일 뿐만 아니라, 하나님이 이 땅을 살아가는 우리의 삶에 역사하시는 주된 방편 중 하나다. 전술한 바와 같이, 기도라는 행위 그 자체로 정서적·심리적 유익이 있다. 심지어 홀로 읊조리는 행위도 정신건강에 유익하다. 그래서 신앙을 가지지 않은 사람들도, 명상이나 기도로 '힐링'하기도 한다. 그런데 우리에겐 살아 역사하시며, 우리 말에 귀 기울이시는 주님이 계신다. 그렇기에 우리의 기도는 그 자체로도 굉장한 '회복'의 방편이 된다.

하지만 요나는 이 유익한 '기도'로의 초청에 응하지 않는다. 스스로 자신의 화냄이 야타브 하지 않음을 알고 있단 방증이다. 또 무엇보다 요나의 외적·내적 상황을 잘 보여주는 장면이다. 요나는 니느웨에 도달하기까지의 기가 막힌 여정과 니느웨에서의 사역, 그리고 그 상황 중 겪은 감정의 격동으로 인해 완전히 탈진한 상태다. 또 마음에 자리한 비통함에, 그에겐 성한 구석이 하나도 없다.

영지주의적 해석으로 성경을 대하는 사람들은 종종 오해하곤 한다. 몸을 괴롭히고 아프게 하면 영적으로 살아난다고 말이다. 그런 이들은 마치 육과 영을 서로 대립하는 이분법적인 존재로 이해한다. 하지만 실제론 그렇지 않다. 바울이 영·육·혼으로 우리의 내면을 설명한 것은, 당시 통용하던 그리스 철학과 수사를 차용해서 쉽게 이해할 수 있도록 돕기 위함이다. 이는 결코 우리를 문자 그대로 나누란 의미에서 제공한 것이 아니다(이를 나누는 것은 최후의 심판에서 하나님 말씀으로나 가능한 일임을 묘사한 히 4:12~13 참고).

오히려 바울이 속했던 히브리 철학적 관념에선 사람의 영육은 구분이 되어 있지만, 불가분(不可分: 나눌 수가 없음)의 관계다. 이는 서로 다른 색깔의 모래가 섞인 것 같아서 칼로 싹둑 자른 듯 나눌 수 없다. 또한, 양측은 서로 상호보완적인 존재다. 육이 사경을 헤매면 영이 충만해지는 것이 아니라, 영적 활동도 마찬가지로 지장을 받는다. 마찬가지로 영이 잘되지 않으면, 육도 잘되기 어렵다. 이는 우리 일상에서도 늘 겪는 과정이다. 우리도 역시 잠도 충분히 자고 좋은 음식에 훌륭한 환경에 있더라도, 영적인 고뇌가 있을 땐 수심이 들어찬다. 또 아무리 믿음이 좋아도 육적으로 극심한 피로와 고통을 겪을 때 우리도 때론 기도가 나오지 않는다.

요나도 그런 상태일 수밖에 없었다. 물고기 배 속에서 3일을 지냈다가 생환했다. 낯선 거대 도시 곳곳을 오가며 무수한 인파를 상대했다. 마이크도 없이 하루 종일 외쳤다. 체력적으로 어지간히 자신 있는 사람이 아니라면, 현대인들도 픽픽 쓰러질 강행군이었다. 그런 와중에 그가 사랑하는 이스라엘에 대한 마음으로 속도 편치 못했다. 모든 것을 초월한 철인이라면 이런 점이 문제가 되지 않았을 것이다. 이럼에도 감사의 기도와 찬양을 드렸을 터다. 하지만, 애석하게도 요나는 사람이다. 만약 신약의 시대처럼 성령님이 매일 내주역사 하시는 은혜가 있었다면, 견딜 만했을지도 모른다. 그러므로 그 이후 은혜의 시대를 사는 우리가 그를 비난하는 것은 너무한 처사다. 무엇보다 하나님은 그런 요나를 책망하지 않으셨다.

현대 그리스도인은, 주님의 십자가 공로로 많은 혜택을 받았다. 이는 기도에도 마찬가지다. 우린 어느 상황에서도 기도가 유익함을 안다. 그럼에도 우리가 연약해서 기도하지 못하니, 하나님은 성령님을 통해, 하나님이 받으실 만한 기도의 요건을 충족시키셨다. 우린 요나와 같은 상황에 부닥칠지라도, 말할 수 없는 탄식으로 간구해 주시는 성령님을 의지하며 기도할 수 있다. 더 정확히는, 이 은혜의 때에 하나님은, 우리의 시름까지도, 들숨과 날숨마저도, 제대로 된 격식이나 두서도 갖추지 못한 비명이라도 기도로 여겨주신다. 그렇기에 오늘날 우리는 하나님 앞에서 그저 끝없이 울기도 하고 괴로움을 토로하기도 한다. 하나님은 어떤 사람들에겐 이런 과정이 더 수월할 수 있도록 개인기도 언어로서의 방언을 은사로 주신다(고전 14장).

> "이와 같이 성령도 우리 연약함을 도우시나니 우리가 마땅히 빌바를 알지 못하나 오직 성령이 말할 수 없는 탄식으로 우리를 위하여 친히 간구하시느니라"(롬 8:26).

이는 말 못 하는 갓난아기가 부모님에게 도움을 구하는 과정과도 같다. 아이는 두서없이, 그리고 부모의 사정은 고려하지 않고 자신이 서럽거나 어려움에 부닥치면 시도 때도 없이 운다. 부모가 그것에 반응해서 도울 거란 믿음으로 운다. 부모는 그 즉시 아이에게 관심을 주고 또 실효적인 도움을 베푼다. 왜냐하면 그 아이는 나의 자녀이다. 그래서 그 자녀의 분명한 언어, 아니 언어도 아닌 울음을, '아빠 아버지'라 부른 것으로 여긴다.

> "너희가 아들이므로 하나님이 그 아들의 영을 우리 마음 가운데 보내사 아빠 아버지라 부르게 하셨느니라"(갈 4:6 개정개역).

그렇다면 요나의 미성숙한 모습으로 손꼽히는 요나서 4장의 기록은, 단순히 요나의 어리석은 행위를 적은 것이 아니다. 사역이 성공했다고, 또 니느웨를 하나님이 용서해 주셨다고 주님께 버럭 화를 내고, 기도로의 초청에도 응답하지 않는 장면이 궁극적으로 그려낸 것은, **우리**다. 구약에 기록한 불세출의 대단한 선지자들도 누리지 못한 은혜를 풍성히 누리면서도, 여전히 이리 비틀 저리 비틀, 크고 작은 거짓 풍문에 휘말려 틈만 나면 하나님을 원망하는 우리다. 물고기 배 속에서 죽음을 경험했다가 생환했어도, 물과 성령으로 주님의 죽음과 부활에 참예한 바 되었어도, 여전히 우리인, 우리의 자화상이다.

요나서 4장은, 그런 요나나 우리를 책망하기 위해서 존재하지 않는다. 우리를 비웃을 요량으로 기록하지 않았다. 이는 그런 우리를 하나님은 어떻게 대하시냐는 문제다. 우리도 사노라면 하나님에게 야타브 하지 못한, 그러니까 정당하지 못한 분노를 품기도 한다. 때론 그것이 서운함이나 서글픔으로 표출되기도 한다. 어쩌면 지금 이 순간, 우리도 길을 잃고 방황하고 있을 수 있다. 우리 또한 하나님을 향한 까닭 없는 원망과 의문을 남모르게 숨기고 있을지 모른다.

어제나 오늘이나 동일하신 하나님은, 우리에게도 물으신다. 우리를 기도로 초청하신다.

"너의 그 감정이 야타브 하니?"

그렇다면, 요나서가 우리를 향해 외치는 소리는 분명하다.

"하나님께 너의 모든 생각과 감정을 남김없이 아뢰라."

백성들아 시시로 저를 의지하고 그 앞에 마음을 토하라
하나님은 우리의 피난처시로다(셀라)
- 시편 62:8

하나님의 사람, 초막을 짓다

"요나가 성에서 나가서 그 성 동편에 앉되 거기서 자기를 위하여 초막을 짓고 그 그늘 아래 앉아서 성읍이 어떻게 되는 것을 보려 하니라"(욘 4:5).

요나의 분노에서 한 가지 의문점은, 40일 뒤에 멸망한다고 예언한 요나가 어째서 하루만 지난 시점에 화를 내기 시작했냐는 점이다. 어쩌면 요나가 화를 내는 연유는 니느웨인이 즉시 자기를 공격하지 않았기 때문인 것만 같다. 그렇다면, 요나는 자신이 무사하기 때문에 분노하는 선지자가 된다.

그런 요나에게 하나님은 오히려 부드러운 어조로 물으셨다. 주님의 한 없이 부드럽지만, 한편으론 정문일침(頂門一鍼: 핵심을 찌르는 지적)과 같은 물음에 요나는 아무 말로도 대답하지 못했다. 당연하다. 하나님을 향한 그 어떤 분노가 야타브 할 수 있을까?

그 어떤 분노도 정당하고 아름답다고 합리화할 수 없다는 것을 요나도 잘 안다. 하나님이 옳은 말씀을 하셨기에, 뭐라 반박하지 못한 요나이다.

결국 요나는 말없이 동편 성문을 통과해 거성 니느웨를 떠난다. 하나님은 요나의 침묵을 존중하며 다그치지 않고 기다려 주신다.

요나는 니느웨 성에선 예언자나 선지자로서 대접도 받을 수 있었을 것이다. 원체 상업으로 발달한 도시이자 당대 최대규모의 도시였기에, 지금으로 치면 최고급 호텔을 연상할 숙박시설도 있었을 것이다. 또 그를 "신"의 사자로 여기는 고위층들도 많았으니, 그를 융숭하게 대접할 자가 부족하지 않았을 터다. 하지만 요나는 그 모든 것을 거부한다. 마치 니느웨 안에는 자기가 머리 둘 곳이 없는 것처럼. 마음 둘 곳이 없는 것처럼.

그러고는 성이 잘 보이는 고즈넉한 곳을 찾아 자리 잡고 초막(סכה 수카: 가축을 위한 우리, 임시 야영지, 임시 거처)을 짓는 것에 열중한다. 이는 단어 그대로 제대로 된 구색을 갖춘 거처는 아녔고, 야영하기 위해 야생에 구축한 임시 텐트에 가깝다. 어느 정도 완성하자, 요나는 앉아서 성을 하염없이 바라본다. 이를 우리 성경은, "성읍이 어떻게 되는 것을 보려 하니라"라고 표현했다.

하지만 큰 문제가 있다. 요나가 전한 '복음'에 따르면 성의 멸망은 40일 뒤다. 때 이른 분노와 마찬가지로, 요나가 이곳에서 성의 결국을 보기 위해선 앞으로 **40일 가까이 기다려야 한다**. 근 40일 동안 야영이라도 하겠단 말인가? 요나, 대체 왜 이럴까?

실은 요나도 매우 뛰어난 선지자고 시대를 앞선 영적 리더다. 그도 성경의 원리를 잘 안다. 그래서 자기 민족이 의인 하나가 없어서 몰락하고 있음을 안다. 자기 민족이 그 손쉬운 회개조차 하지 못해서 멸절로 달려가고 있음을 안다. 그러다 보니, 니느웨의 반응만 보더라도 하나님이 결국 용서하시리라는 것을 안다. 그런 하나님의 뜻과 판정을 자기가 아무리 몸부림쳐도 한 터럭도 바꿀 수 없음을 안다. 그렇다면 어째서 니느웨를 바라보며 40일 뒤에나 있을 결말을 기다리는가?

그가 동편에 자리한 것도 예사롭지 않다. 아니, 동편에 자리한 그 자체보다도 더 의미심장한 점은, 꽤 많은 이야기를 함축해서 기록한 요나서인데도 '동편'만큼은 생략하지 않았단 점이다. 방위상 그가 이후 향해야 할 북이스라엘은 남서쪽에 자리한다. 따라서 요나가 귀환을 결정한다면, 다시 니느웨로 들어가 도심지를 지나 서편이나 남편에 위치한 성문으로 나가야 했다. 니느웨란 장소를 끔찍이도 싫어하는 요나가 성벽 외곽을 뻥 돌아간다는 선택을 할 수도 있다고 상상할 수 있지만, 현실적으론 어렵다. 니느웨는 12㎞도 넘는 길이의 성벽이 둘러싼 거대한 도시이기 때문에, 꽤 먼 길을 돌아가야 한다. 게다가 티그리스강도 건너야 할 텐데, 건너는 나루는 대체로 정해져 있단 점에서, 동편이란 위치는 요나의 동선상 역시 부자연스럽다.

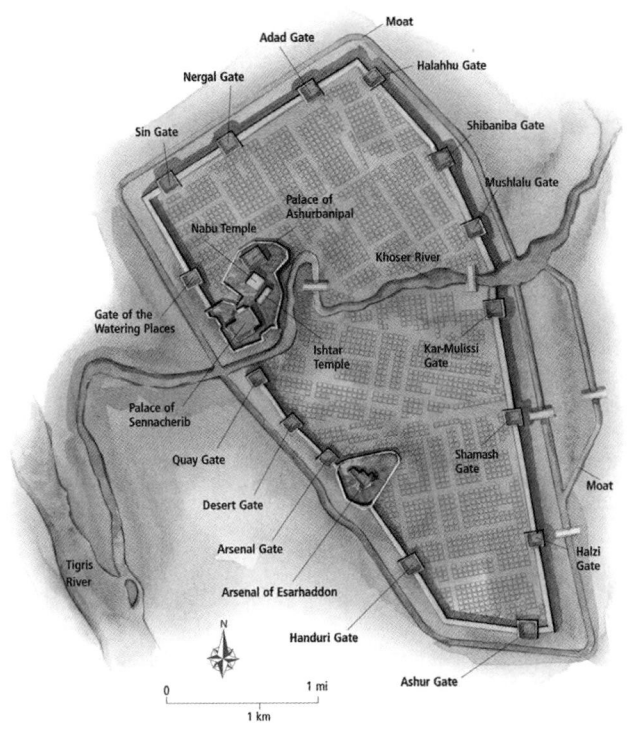

[니느웨 - ESV Study Bible]

성경의 증언대로 요나의 표면적 의도는 니느웨를 살피기 위함이다. 그렇다면 북이스라엘로의 귀환은 생각하지 않고, 그 의도에 충실한 자리를 찾은 건 아닐까? 혹시 동편이 니느웨를 살피기 유리했을까? 당시의 지형이나 건물 배치를 정확히 알 수 없으니, 이 점은 상상의 영역이다. 그 모든 상황을 살피려 했던 요나의 선택이니, 그 선택은 존중하는 것이 좋겠다. 하지만 오늘날에도 변하지 않은 것이 있다. 그렇다면 그런 변치 않은 기준으로 오늘날에도 평가해 볼 수 있겠다. 그건 바로 "태양의 위치"이다.

중동의 햇살은 강렬하기도 유명하다. 우리가 제4차 중동전쟁으로 기억하고, 이스라엘인은 욤키푸르 전쟁이라고 부르는 그 전쟁의 막이 오른다. 이스라엘 사방을 둘러싼 아랍연합은 이스라엘로 진격했다. 욤키푸르, 그러니까 속죄일은 마침 요나서를 읽는 절기이니, 이스라엘 사람들은 요나서를 읽다 총성을 들었을 것이다.

이때 이스라엘 서쪽에 위치한 이집트군과 동편에 위치한 시리아군 사이에 오간 대화엔 아주 흥미로운 내용이 있다. 그들은 각기 있는 방면에서 이스라엘에 대한 주공(主攻, Main Attack)을 담당했다. 이집트는, 그들 동편에 있는 시나이반도를 공격해야 했고, 시리아는, 그들 서편에 있는 골란고원을 점령해야 했다. 둘 다 아주 중요한 전략목표였기에, 최대전력이 그곳에 집결할 예정이었다.

효과적으로 이스라엘군을 무너트리기 위해선, 동시 공격을 해야 한다. 그런데, 어느 시간대에 공격해야 할지 언쟁이 오갔다. 이 시간이 중요한 이유는 바로 태양의 위치이다. 오전에 공격을 감행하면, 해는 동편에 있기에, 이집트 군사들은 시나이반도를 공격하며 뜨거운 해를 눈앞에 두고 싸워야 한다. 시야가 확보될 리가 없다. 반대로 오후에 공격을 감행하면, 시리아군의 눈이 남아나지 않는다. 이 태양의 위치란 변수는, 1950년에 전쟁을 경험했음에도, 한국에선 다소 생소하다. 왜냐하면 우리나라 지형적 특성상, 전선이 남북으로 형성되기 때문이다. 하지만 이 점은 전쟁사에서 늘 중요했다.

요나는 향후 40여 일 동안 니느웨를 지켜보려 했다. 하지만 그곳 거민들이 가장 활발하게 활동할 오후 시간대에 동편에서 성의 동향을 살피는 건 태양 빛을 직격으로 맞아서 시야가 확보가 안 된다. 게다가 초막의 형태에 따라선, 직사광선을 맞을 시간대가 존재할 테다. 이런 점을 고려한다면, 요나는 태양의 방위가 시야에 덜 영향을 주는 북쪽이나 남쪽에 자리하는 게 자연스럽다. 그중에서도 이후 북이스라엘행도 고려한다면 남서쪽이 적절할 것이다. 전구의 발명으로 태양 빛에 대한 의존도가 상대적으로 줄어든 현대인이라면 모를까, 고대의 요나가 이러한 점을 몰랐을 리가 없다.

그렇다면, 요나의 이 어딘가 석연치 않은 위치선정과 40일 후에나 있을 결말을 야외에서 지켜보겠다는 다소 이상한 결의는 무엇을 의미할까? 어쩌면 북이스라엘로 돌아갈 용기, 의지가 없었던 건 아닐까? 율법도 없는 니느웨가 회개하는 모습을 본 이후이기에 선민 북이스라엘인의 완고함을 더더욱 보고 싶지 않았던 것은 아닐까? 만약 그렇다면 결심한 40여 일의 노숙은, 그저 그곳에 남을 명분이 된다. 따라서 이 장면에서 요나는, 실은 40여 일 후 니느웨의 결말을 볼 의지도, 당장 사역터인 북이스라엘로 돌아갈 의지도 없다. 그저 앞서 요나가 선언한 대로, 삶에 대한 애착을 잃은 요나가 죽을 자리로 선택한 곳이 니느웨 성 동편 어딘가 이름도 남지 않은 자리가 아녔을까?

한편, 요나가 지은 초막에도 다소 문제가 있다. 그 초막은 여러모로 엉성했던 모양이다. 군데군데 빈틈이라도 있었던 거 같다. 즉 해가 중천에 뜬다면 요나는 무더위를 느낄 판이다.

요나는 마음대로 되는 게 하나도 없다.

박넝쿨

"하나님 여호와께서 박넝쿨을 준비하사 요나 위에 가리우게 하셨으니 이는 그 머리를 위하여 그늘이 지게 하며 그 괴로움을 면케하려 하심이었더라 요나가 박넝쿨을 인하여 심히 기뻐하였더니"(욘 4:6).

그런 엉성한 초막의 부족함을 하나님만은 알아주셨다. 그래서 하나님은 박넝쿨을 자라게 하여, 요나의 처소를 '보강'해 주셨다. 마치 어린 아이가 이불을 덮고 자는데, 이불을 제대로 덮지 않아서 신체 일부가 나와 있자, 부모님이 그 모습을 보고 제대로 펼쳐서 덮어주는 것만 같다. 홑이불을 덮은 자녀에게 아주 푹신한 이불을 덮어주는 부모의 손길과 같다. 요나가 지은 초막은, 그 자체로는 태양을 다 막을 수 없었다. 하나님이 보강해 주신 박넝쿨이 사라지면, 거기에 머물러 있기엔 너무 뜨거운, 그런 엉성한 초막이었다. 그러자 하나님은 요나가 잠시나마 편안하고 시원하게 쉴 수 있도록 박넝쿨을 마련하신 거다. 그리고 요나는 크게 기뻐한다.

　요나서에 나타난 요나의 처음 기쁨은, 2장에 기록한, 물고기 배 속에서 하나님께서 주신 응답과 하신 일에 대해서 느낀 기쁨이었고, 두 번째는 하나님이 키워내신 박넝쿨로 요나의 엉성한 초막을 보강해 주신 장면이었다.

　하나님의 사람 요나는 시종일관 하나님과 반대로 가는 것 같고, 하나님에게 반역하고 있으며, 또 그분께서 이루는 일들에 대해서 슬퍼하는 자 같다. 하지만, 그가 요나서 상으로 기뻐한 둘뿐인 장면은 모두 하나님이 하신 일들을 목도 했을 때뿐이다. 이처럼 하나님의 사람은, 하나님이 지목하신 사역자는, 하나님이 택하여 구원받게 하신 하나님의 자녀는, 오직 하나님이 하신 일로 기뻐한다.

　이 부분에서 성경은 아주 문학적으로 빼어난 묘사를 더 했다. 하나님은, 박넝쿨로 요나의 머리를 위한 그늘을 만들어주셨다. 하지만 이는 그저 뙤약볕을 피하게 하는 의도가 아니다. 원어에 따르면, 이 장면에서 하나님이 박넝쿨로 요나의 머리를 덮을 그늘을 마련해주신 이유는 요나를 **라아**רעה에서 **나짜르**נצל 하시기 위함이다.

　라아는 온갖 재앙, 파멸에 이르게 하는 악, 극심한 손해를 끼치는 것 등을 의미하는 아주 강렬한 단어다. '선악과'의 '악'에 해당한다. **나짜르**

는 구원, 구속 등을 의미한다. 기독교에서 아주 주요한 개념으로, 하나님이 우리를 구원하여 죽음에서 삶으로 옮기는 분이심을 표현한 단어다.

그저 화가 난 요나, 그 요나가 햇볕을 피하려고 임시 거처를 만든 장면에선 도무지 어울리지 않는 거창한 표현이다. 성경 상으로 이런 용례가 흔했다면, 당시 표현법이라 여기고 그대로 받아들이면 되겠지만, 성경 기준으로도 꽤 파격적 단어 선정이다. 그리고 이 자체로 아주 큰 반전을 내포한다.

여기서 요나는 자격 없는 니느웨가 하나님 은혜로 멸망라아을 면했고, 구원나짜르을 경험했다는 연유로 맹렬히 분노한 선지자이다. 하나님을 향한 원망까지도 주저하지 않았던, 선지자 자격은 커녕, 신앙인이라고도 할 수 없는 모습을 보여준다. 하지만 성경의 묘사에 따르면, 하나님이 펼치신 박넝쿨로 인해, 정작 온갖 해토와 재앙라아에서 구원나짜르을 경험하고 있는 것은 니느웨가 아닌, 바로 요나다.

요나서 4:6은 단 한 줄의 묘사로 마치 한 폭의 그림과 같은 장면을 그려냈다. 가시적인 풍경은, 요나의 엉성한 초막에 박넝쿨을 마련해주셔서 덮인 장면이다. 그리고 영적인 상황도 마찬가지다. 하나님은 요나에게 피할 그늘을 주시며 또한 그에게 구원을 주셨다.

이는 사실 문자 그대로 맞다. 만약 니느웨가 적어도 요나에게 '상식적'으로 반응했으면, 요나가 지금 있을 장소는 감옥이나 고문실, 혹은 처형대였을 터다. 하나님은 실은 니느웨를 구원하심으로 요나에게 구원을 베풀고 계신다.

사정이 이렇다면 요나가 불만을 제기한 커다란 이유 하나가 휘발된다. 요나는 구원은 외부의 것이라 여겼다. 자기가 속한 민족엔 구원이 없고, 그 민족의 원수인 니느웨엔 임해서, 괴로운 선지자다. 그런데 영적 상황을 살펴보니, 구원은 요나의 밖에 있지 않다. 요나 안에 있다. 요나에게 있다. 요나는 이 사소한 장면에도 구원 안에 있다.

니느웨를 구하고자 하시면 요나가 없이도 능히 이루실 수 있는 주님은, 요나가 없으면 안 된다는 것처럼 요나를 다시 부르셨다. 왜냐하면 하나님이 구상하신 니느웨의 구원은, 오로지 요나를 통해서 일어났어야 한다. 그저 불평불만만 가득한 요나를, 그 요나가 마치 어린아이처럼 성내는 도중에도, 성경은 그에게 구원이 함께 있다고 묘사한다. 어쩌면 그 시대에는 요나 한 사람만을 하나님께서 구원의 방편으로 활용하신 것만 같다. 그렇기에 요나가 예수님의 십자가 구원을 예표 하는 선지자란 명칭에도 어울린다.

하지만 그런 상징적인 의미를 차치하고서라도, 하나님이 박넝쿨을 펼치신 결과, 큰 성을 다니며 메시지를 전하느라 기진맥진한 요나에게 달콤한 휴식이 찾아왔다. 이렇게 되니까. 요나서 4장에 시각적으로 그려낸 요나의 '휴식'은 그 옛날 다윗의 고백과도 같다.

"하나님이여 나를 긍휼히 여기시고 나를 긍휼히 여기소서 내 영혼이 주께로 피하되 주의 날개 그늘 아래서 이 재앙이 지나기까지 피하리이다"(시 57:1).

다윗이 사울을 피하며 경험했던 '주의 날개 그늘'과 같은, 주의 박넝쿨 그늘을 경험한 요나는 심히 기뻐(שמחה 쉬메아흐)했다. 요나가 기뻐한 장면을 묘사한 단어는 주체할 수 없을 정도의 아주 큰 기쁨을 뜻한다. 이는 우리 구약성경에 매우 소중하게 쓰인 단어이다. 통상적으로 하나님의 임재나 기적과 같은 미증유의 상황을 겪은 사람들의 반응을 표현하는 대명사 격 단어이다. 하지만 그조차 요나의 반응을 다 담기엔 부족했는지, 그 기쁨을 '광대한, 엄청난, 가장 커다란'이란 뜻으로 쓰이는 **가돌**גדול 이라는 형용사를 덧붙여 묘사한다.

요나는 그 박넝쿨의 출처가 하나님이시라는 것을 분명히 인지했다. 그리고 하나님이 건네신, 시원한 위로라 생각했다. 요나에게 있어서 박넝쿨은 그 이상의 것이 되었다. 하나님과 자신을 잇는 연약하지만 유일한 끈이라 여겼다. 그야말로 하나님과 자신을 잇는 **상징**이 되었다.

그럴지라도 박넝쿨은 그저 박넝쿨이다. 그저 어떤 식물Plant이다. 그런데 요나에게 있어서 박넝쿨은 하나님의 사랑과 관심의 가시적 상징이다. 눈에 보이지 않는 어떤 소중한 요소를, 이런 가시적 상징을 부여한 물리적 대상물에 투영하는 행위는 낯설지 않다.

상징을 가지고 사랑과 관심을 기념하는 것은, 매우 자연스러운 삶의 요소다. 일례로 결혼반지가 그런 역할을 하기도 한다. 하지만 어째서인지 그런 자연스러운 행동이, 하나님을 믿는 신앙에 결부되는 순간 어떤 문제를 발생시킨다. 내가 사랑하는 대상의 모습을 형태로 남기고 싶은 애틋하고도 정상적인 마음은 나무랄 것이 없지만, 하나님의 일면은 사진으로 남겨 액자에 담는 형태로 표현할 수 없다. 하나님을 어떤 상징물에 가두는 순간, 그것은 살아계신 하나님이 아닌, 액자에 박제된 신 Photographed god이 되고 말 테다.

박넝쿨 이야기에 다다르면, 요나는, 오늘날 그리스도인들 사이에서 아주 우습게 묘사된다. '고작 박넝쿨'에 마음을 두고, '고작 박넝쿨'로 인해서, 크게 기뻐하다가 집착했다고 조롱받는다. 그 장면에서 요나는 희화화되어 우리에게 전달된다. 이런 견지의 적용은 마치 박넝쿨이란 사소한 요소에 집착하는 것이 문제라는 의식을 공유하는 것 같다. 다시 말해, 좀 더 대단하고 그럴듯한 상징물을 가졌다면 이토록 멸시에 찬 평가를 하지 않을 준비라도 되어 있는 것 같다.

그런데 요나가 고작 박넝쿨 따위를 하나님 사랑에 대한 '가시적 상징'으로 여긴 것이 정말로 비웃을 만한 일일까? 반대로 생각해 보자. 만약 그 상징물이, 고작 박넝쿨이 아니라 대단히 화려하고 값비싼 것이었다면, 더 수준이 높은 신앙이라도 된단 말인가?

오랜 세월 누군가는 아론의 금송아지가, 누군가는 언약궤가, 또 어떤 이에겐 성전이, 예루살렘이, 성상과 성물이, 또 로마가 그 상징이었다. 모두가 자기가 만든 상징물은, 그 이전 상징물보다 더 뛰어나다 자부했다. 하지만 이는 고약한 착각이다. 그들은 이전 상징물이 무너진 역사에서 아무것도 배우지 못했다. 그 상징물 곁에 금박을 입힌다. 더욱 고급의 대리석을 사용한다. 또 다양한 장식으로 치장한다. 때론 성경의 구절을 단장취의**(斷章取義: 문맥을 고려하지 않고, 앞뒤 말을 잘라서 인용)**하여 그 존재를 합리화하고 전통성을 부여하려고 한다.

시대가 지날수록, 시대마다 존재하는 우리의 '상징물'은 더 비싸지고 더 커졌다. 하지만 제아무리 화려하게 꾸며 덧붙이고, 나름의 신학적 논리를 들이대도 하나님이 인정해 주시지 않으면, 그 상징물은 그저 허무한 상징물에 지나지 않는다. 주님이 정한 선을 넘어간 의미 부여는, 그저 그 모든 상징물을 일종의 '우상'으로 만들 뿐이다.

그렇다면 고작 박넝쿨을 상징물 삼아 하나님의 사랑을 느낀 요나를 우리가 비웃을 수 있을까? 더 큰 우상을 가진 자가, 더 작고 소박한 상징물을 가진 자를 비난하는 격이다. 무엇보다도 지금 요나 곁엔 하나님이 주신, 박넝쿨, 그리고 그 그늘밖에 없다. 그의 상황을 외면하고 희화화하여 조롱하는 것은, 너무 가여운 처사가 아닐까?

시원한 그늘 아래, 구원을 경험하고 있는 요나는 스르르 잠이 든다.

하나님의 사람, 박넝쿨을 잃다

"하나님이 벌레를 준비하사 이튿날 새벽에 그 박넝쿨을 씹게 하시매 곧 시드니라 해가 뜰 때에 하나님이 뜨거운 동풍을 준비하셨고 해는 요나의 머리에 쬐매 요나가 혼곤하여 스스로 죽기를 구하여 가로되 사는 것보다 죽는 것이 내게 나으니이다"(욘 4:7~8).

의지했던 박넝쿨이 시든다. 요나는 어찌나 상심했던지, 피조물이 창조주께 드릴 수 있는 가장 최악의 기도를 드린다.

"하나님, 나를 죽여주세요."

이 시점에 이르러, 요나는 완전히 한계에 도달한 것만 같다. 그간 억눌렸던 괴롬과 피로, 그리고 서러움이 박넝쿨 사건을 방아쇠Trigger 삼아서 '펑!'하고 터졌다.

박넝쿨이 대체 무엇이길래, **쉬메아흐**(שמחה: 주체할 수 없는 커다란 기쁨, 희락)를 느끼던 요나가 돌연 죽음을 생각할 만큼 절망감을 느꼈을까?

일각에선 박넝쿨을 피마자로 알려진, 아주까리로 보기도 한다. 아주까리 씨앗엔 라이신Lysine과 리시닌Ricinine이라는 맹독성 단백질이 들어있고, 잎에도 유독한 성분이 있다. 그래서 그 잎이 주는 그늘에 현혹되어, 독성이 있는 식물을 요나가 의지했다고 해석하기도 한다. 하지만 이는 오늘날에 이르러 후발적으로 니느웨 성터 주변 환경을 조사하여, 그늘을 형성할 정도로 널찍한 잎을 가진 한 식물을 지목한 것이다.

그런 주장의 문제는, 당시 습생과 오늘날의 식물이 완전히 같다고 볼 수 있다는 명확한 근거가 없는 점에 있다. 그도 그럴 것이, 그 사이 환경과 기후 모든 면에서 많은 변화가 있었기 때문이다. 또 그 박넝쿨이라고 번역한, 키카욘קיקיון도 박, 아주까리, 호리박과 유사한 식물이라 추정할 뿐, 그 단어만으로 정확히 어떤 식물인지 알 순 없다. 애석하게도 요나서에만, 그것도 단 1회 등장한 단어라는 점도 한몫한다. 이러니, 성경의 다른 부분을 보아도 도무지 어떤 식물인지 특정할 수 없다.

이를 반영이라도 하듯, 우리 성경과 KJV는 이를 박Gourd, NIV에선 포도나무 등으로 대표되는 덩굴식물Vine, NASB는, 주어진 정보만으론 특정하기 어려움을 근거하여 어떤 식물Plant이라 번역했다. 그래서 박넝쿨 그 자체만으론 어떤 독특한 의미를 찾긴 어렵다.

앞서 우린, 요나가 박넝쿨을 하나님과 자신을 잇는 상징으로 여기고 있다고 추론했다. 그렇지 않고서야 고작 식물 따위에 그가 **쉬메아흐**שמחה로 표현할 정도로 대단한 기쁨을 느낄 리 만무하다. 그늘 하나에 하나님의 임재를 느끼며 기뻐한 것도, 그 이후 전례 없이 격분한 것도, 결국 요나의 심상에 그 박넝쿨이 아주 소중한 무언가가 되었기 때문이다.

그래서 하나님이 박넝쿨을 거둬가시자 요나는 맹렬한 분노를 낸다. 절규에 가깝다. 하나님이 거둬가지 않아도 어차피 시들 박넝쿨이다. 또한 하나님이 박넝쿨을 바로 없애지 않으셨어도, 어차피 요나도 남은 약 40일간 그 자리에 있을 수 없다. **실은** 고작 박넝쿨과 초막만으론 중동의 뙤약볕을 견디며 그 긴 기간을 야영하는 것은 불가능했다. 사정이 그런데도 박넝쿨이 사라지자, 요나는 극심한 괴로움과 박탈감을 느낀다. 마치 요나는 이렇게 말하고 있는 것만 같다.

"하나님 나는 가진 게 없어요. 아무것도요. 고작 그림자 한 줌 못 가지게 하시나요? 하나님마저 제 맘을 모르면 전 어떻게 살라고요? 놔두셔도 어차피 시들 박넝쿨을 굳이 시들게 하셔야 했나요? 마음에 드는 것 하나 없는 세상에, 단 하나 제가 찾은 위로였단 걸 하나님도 아시잖아요? 그렇게 정말 다 빼앗아 가셔야 했나요?"

이 대목에 이르러 요나에게 쏟아지는 시대를 초월한 조롱은 최고조에 달한다. 그리스도인들조차 기어이 그를 만화처럼 그려 넣는다. 그를 동화 속 불만투성이인 인물처럼 만들어 버린다. 어리고 미성숙한 자로 몰아간다. 요나는 반면교사 취급을 받으며, 이 사람이고 저 사람이고 질겅질겅 씹어 대는 손쉬운 표적이 된다. 그러다 보니 도출되는 QT적 교훈은 '요나처럼 되지 말자'가 고작이다.

하지만 요나가 과연 누구에게 분노를 발했어야 했을까? 하나님마저 요나의 투정을 들어주지 않으셨다면 요나는 도대체 어떤 누구를 보아야 할까? 그저 그가 억울함을, 서글픔을, 애석하게도 선지자이기에, 자신이 사랑하는 고국, 이스라엘의 참혹한 멸망을 예견했기에 들어찬 아픔을, 그저 마음에 묻고 목이라도 매달아야 했을까? 하나님에게도 사람에게도 내색하지 않고 그가 자결이라도 했어야, 우린 그를 가엾게 여겼을까?

북이스라엘은 영적인 타락으로 물들어 있었다. 그렇다고 니느웨의 사람들의 회심이 영구적일까? 그들이 율법이라도 이해해서 하나님을 제대로 알기나 할까? 혹 그들이 크게 성숙하여 요나를 상담이라도 해 줄 수 있을까? 요나에게 위로라도 줄 수 있었을까? 아니 말 상대할 수준이라도 되었다면 다행이다. 요나는 예나 지금이나 오직 하나님밖에 없다. 하나님 외엔 없다. 자신의 비참함과 아픔을 알아주실 이 하나님뿐이다. 하나님을 아는 지식과 성경에 대한 지식조차 나눌 이, 또한 하나님뿐이다. 그런 그가 울부짖는다.

"죽여 주소서. 사는 것보다 죽는 것이 내게 나으니이다."

별것도 아닌 박넝쿨에 기뻐하던 그가, 별것도 아닌 박넝쿨이 마르자 하나님께 성을 낸다. 하나님밖에 없는데, 그 누구를 향해서 그의 감정을 드러낼까? 하나님 외엔 없는데 그 누구를 향해서 그의 목소리를 낼까? 하나님 외에 다른 존재가 있는 우리는 그의 마음을 다 알지 못한다.

하나님, 요나에게 대답하시다

하나님은 다시 야타브_{정당함}로 물으신다(욘 4:9). 번역본에 따라서 이를 하나님과 요나 사이의 언쟁이나 감정싸움으로 이해할 수도 있다. 하지만 이는 요나서 4:4의 반복이다. 일전에 회피했던 요나에게 다시금 기도로 초청하신다. 한번 대화를 해보자고 하신다.

"요나야, 박넝쿨에 대한 너의 성냄이 '야타브' 하다 생각하니?"

요나는 이번엔 그 초대에 응한다. 요나는 뻔뻔하게 말한다. "네 야타브 합니다! 제가 죽을 만큼 야타브 합니다."

그런데 놀라운 일이 발생한다. 요나의 말도 안 되는 이런 말에 하나님은 반박하지 않으신다. 저런 억지에 하나님이 동의하신다. 요나의 화냄을 야타브 하다 인정하신다. 요나가 화를 내는 것도, 요나가 죽고 싶어

하는 마음까지도 하나님은 부정하지 않으신다. 책망하지 않으신다. 정죄하지도 않으신다. 그러면서 설득력 있는 어조로 요나에게 말씀하신다.

> "너는 네가 수고하지도 않았고 키우지도 않았으며 하룻밤 사이에 났다가 그 다음 날 아침에 말라 죽은 그 박 덩굴도 측은(חום 후스)하게 생각하였다. 하물며 선악을 분별하지 못하는 사람이 12만 명이 넘고 수많은 가축도 있는 이 큰 니느웨성을 내가 불쌍히(חום 후스) 여기는 것이 옳지 않느냐?"(욘 4:10~11 현대인의성경).

왜인지 하나님은 요나를 책망하지 않으신다. 현대인의성경은 후스חום라는 핵심 단어를 측은이란 우리말로 잘 살려 표현했다. 하지만 하나님이 말미에 "불쌍히 여기는 것이 옳지 않느냐?"라고 말씀하신 부분을 당신의 정당함을 강조하고 따져 묻는 식으로 오해할 수 있다. 하지만 실은 그저 "네가 가진 박넝쿨을 불쌍히 여기는 마음과도 같이, 나도 니느웨를 불쌍히 여기시는 것이 아니겠니?"라며 설득하시는 아주 차분한 어조이다.

요나처럼 하나님께 대놓고 반대하고 정반대로 향하고, 성을 낸 선지자가 또 있던가? 그럼에도 하나님은 요나를 꾸짖거나 매몰차게 대하지 않고 자상하게 타일러주셨다. 요나를 이해시켜 주려 하셨다. 요나의 슬픔을 아시는 하나님이다. 요나는 동족을 사랑하기에, 하나님의 백성인 이스라엘을 사랑하기에 투정도 부리고 성도 낸 것임을 하나님만은 알

아주셨다.

그렇기에 하나님은, 요나의 박넝쿨에 대한 비이성적인 태도를 후스(불쌍히 여김, 긍휼히 여김, 동정, 측은히 여김)로 규정해 주셨다. 즉, 하나님의 이 한마디로 요나는 박넝쿨로 인해서 투덜거리고 집착하는 '바보'가 아니라, 한낱 식물인 박넝쿨에도 긍휼한 마음을 품은 선지자가 되었다. 그리고 하나님은 당신의 마음을, 요나의 마음과 일치시키신다. 요나에게 박넝쿨이란 볼품 없는 식물이 시든 것이 가엾게 느껴진 것처럼, 하나님에게 니느웨도 그러하다고 말씀하신다. 그 성읍을 불쌍히 여기셨다는 말이다.

이 장면에서 요나가 한 것이라곤, 그저 하나님께 억지를 부리고 분노한 것밖에 없다. 하지만, 주님은 기도로의 초청에 응한 것으로 여기셨다. 분명 시작점에서 요나는 진홍처럼 붉었는데, 하나님이 그의 행동을 긍휼함으로 규정하시니, 양털처럼 희어졌다. 주홍같이 응어리진 그의 분노는 그렇게 흰 눈처럼 녹아내린다.

"여호와께서 말씀하시되 오라 우리가 서로 변론하자 너희 죄가 주홍 같을찌라도 눈과 같이 희어질 것이요 진홍 같이 붉을찌라도 양털 같이 되리라"(사 1:18).

하나님은 우리의 유일한 창구시다. 이는 상징적으로 양을 드리는 제사에도 적용된다. 하나님은 양의 좋은 것만 취하지 않으셨다. 오히려 그 내장에 있는 온갖 더러운 것까지 고스란히 다 받으셨다(레 4:12, 8:17). 성경의 원리는 때론 망극(罔極: 은혜가 한이 없음)한 교훈을 준다. 그 교훈이란, 하나님을 원망한 자는 살고, 사람을 원망한 자는 결국 죽는다는 것이다.

이는 우리의 관념에서 벗어나 있다. 사람은 재력이 있고 권력도 있는 대상 앞에선 본능적으로 눈치를 살살 본다. 말도 삼가고 옷차림도 신경 쓴다. 하지만 약자 앞에선, 내 맘대로 행동한다. 함부로 대하고 내 맘에 있는 것을 가리지 않고 쏟아붓는다. 상대적 약자는 응당 모든 것을 감내하고 참아야 하는 것처럼 무례하게 군다. 이런 삶의 논리를 따르면, '하나님을 원망하면 죽고, 사람을 원망하면 살아야' 한다. 하지만 그렇지 않다.

하나님은, 직접 괴로움을 토로(吐露: 마음에 있는 것을 모두 드러내어 말함)하며, 하나님께 죽여 달라며 원망 어린 말을 토해냈던 모세(민 11:10~15)에겐 실질적인 도움과 기적을 베푸셨다(민 11:16~20). 하지만 '사람'인 모세를 원망했던 이스라엘 백성 일부는, 회심할 기회조차 얻지 못하고 그대로 멸망했다(민 16:31~33). 이런 원리는 욥도, 엘리야도 경험한 바다(욥 42장; 왕상 19장). 이게 어떻게 된 것일까?

하나님만이 우리의 창구이시란 고백은, 우리는 오로지 하나님에게만 토로해야 한다는 말이다. 비록 하나님은 모든 것을 알고 계시고 그 어떤 존재나 권력보다 강하심에도 그러하다. 하나님에게만 모든 것을 토로하는 것은 하나님의 좋으심과 사랑을 믿는 믿음이 없으면 도달할 수 없는 경지이다. 그런 믿음이 없이, 단순히 모든 일에 대해서 하나님을 탓하고 원망하는 사람은, 이런 '오로지 하나님에게**만** 토로하는 믿음'에 도달하지 못한다. 그런 사람은 매사에 모든 존재에게 원망하고 화를 낸다. 이는 오로지 하나님만을 그 도움과 구원, 그리고 창구로 삼은 믿음의 사람과는 결이 다르다.

요나는 하나님에게만 토로하는 믿음이 있었다. 요나가 제아무리 불만에 차 있어도, 타인에겐 그러한 것을 전가하지 않았다. 심지어 니느웨인에게 복음을 전할 때도 그러했다. 그의 상대는, 그의 원망 대상은, 그 평생의 창구는 오로지 하나님 단 한 분뿐이었다. 그렇기에 요나서의 요나는 오직 하나님이 하신 일 앞에서만 기뻐한다. 오직 하나님에게만 토로한다. 평생 오로지 하나님하고만 싸웠던, 씨름했던 야곱처럼, 요나도 그러했다.

이 장면에서 하나님은 요나에게 이렇게 말씀하고 계신 듯하다.

"그래 요나야, 네 말대로 어차피 가만히 뒀어도 박넝쿨은 곧잘 시든다. 네가 그 박넝쿨에 의지해서 40일을 이 무더운 야외에서 버틸 수 없는 걸 나도 잘 안단다. 가만두었어도 어차피 시들 박넝쿨인데, 왜 하루아침에 없앴냐고 화내는 네 분노는 야타브정당 하다는 것을 나도 동의한단다.

그 그늘막이 일시적임을 앎에도 네가 위로로 여긴 것도 잘 알고 있다. 하지만 내 입장도 생각해 줬으면 해.

네 말대로 니느웨는 한시적인, 아주 엉터리의 회개를 했어. 내가 그것을 회개로 여기고 당장 멸망시키지 않아서 네가 속상한 것도 이해한단다. 너의 그런 속상함조차도 야타브 하다.

하지만 박넝쿨과 같이, 니느웨를 내가 오늘 없애지 않더라도, 어차피 영속하지 않잖니? 박넝쿨처럼 그 민족도 시들고 멸망할 때가 찾아올 거야.

하지만 박넝쿨이란 일시적인 위로가 너에게 잠시 쉬메아흐(주체할 수 없이 커다란 기쁨, 희락)를 느끼게 했던 것처럼, 니느웨에도 잠시간 위로를 얻을 사람들이 있단다."

이 박넝쿨의 사건은 실상 요나에게만 국한하지 않는다. 사실은 우리에게도 친숙하다. 어쩌면 구약의 흐름은 상징물을 세우려는 사람들이 그 상징물로 인해 자멸하여, 상징물과 함께 무너지는 이야기다. 이렇듯 '하나님의 사랑에 대한 물리적 상징'으로 여기는 대상물이 무너진 사례는 수도 없이 많다. 앞에서 언급했듯이 언약궤도 그랬다. 이스라엘 도성, 로마, 그 외에도 많은 조건과 많은 장소, 온갖 것들이 있었다. 성경과 교회사로 알 수 있는 사실은, 이상하게도 그 모든 유형의 상징물은 결국 파국을 맞아 제거되었단 것이다. 하나님의 의도마저 느껴진다.

하나님의 사랑을 표현하는 어떤 상징물을 세워, 하나님 외에 다른 대상에 마음을 두는 것은 결과적으로 '우상'을 만들어 낸다. 고대 이스라엘 백성도 언약궤에 하나님이 깃드셨다고 믿거나, 그것을 하나님 사랑의 상징으로 여겼다. 그 잘못된 믿음이 농익자, 결국 전쟁터에 가져갔다가 멸망했다(삼상 4:2~11). 이후 회복된 언약궤는 한동안 예루살렘 성전에 머물다가 유대왕국이 무너지기 전 홀연히 사라졌다. 유대왕국의 멸망이 언약궤라는 '상징물'의 소멸 때문이라 오해할 사람을 위해, 성경은 친절하게도 이에 대해 이해할 구절을 남겼다. 이는 예수님에 대한 예언이기도 하다.

> "내가 또 내 마음에 합하는 목자를 너희에게 주리니 그들이 지식과 명철로 너희를 양육하리라 나 여호와가 말하노라 너희가 이 땅에서 번성하여 많아질 때에는 사람 사람이 여호와의 언약궤를 다시는 말하지 아니할 것이요 생각지 아니할 것이요 기억지 아니할 것이요 찾지 아니할 것이요 만들지 아니할 것이며"(렘 3:14~15).

이 소재라는 것은 때론 사람이기도 하다. 하나님은 우리와 일대일의 관계, 개인적인 소통을 하길 원하신다. 그렇게 주님은, 당신과 우리 사이에 별도의 중보자($μεσίτης$ 메시테스: 다투는 자들 사이에서 화해를 중재하는 자)를 두지 않으신다. 오로지 주님이 직접 하신다. 특별히 그리스도를 통해서만 우리와 화목 하신다. 그렇기에 성경은 증언한다.

"하나님과 사람 사이에 중보자도 한 분이시니 곧 사람이신 그리스도 예수라"(딤 2:5b).

그렇기에 예수님 외에 그 누구도 하나님과 사람 사이에 서서 감히 '중보'하지 못한다. 사실 그렇다. 누가 하나님을 설득하고 어르고 달래서 그 의견을 바꾸게 할 수 있을까? 사실 요나도 니느웨에 감히 '중보자'로 간 것이 아니다. 요나가 니느웨를 용서해달라며 하나님을 '설득'한 적이 없다. 도리어 요나서 속 하나님은 니느웨를 용서하고, 보존하기로 하시곤 요나를 '설득'하는 과정을 겪으신다.

평생 하나님만을 보며, 또 하나님으로만 위로를 받던 요나도 하나님 이외 사람에게 의존하고 싶을 때가 있다. 상황이 너무 어려우니, 어떤 유형의 상징으로 하나님이 요나를 사랑하신다는 것을 '상징'으로 두고 싶다. 작은 위로를 얻고 싶다. 물론 요나도 그런 상징을 가질 수 없음을 안다. 아주 사소한 우상도 소유하지 못함을 안다. 그럴지라도 요나는 너무나 비참하고 아무것도 남지 않아서 하나님이 주신 박넝쿨에 기뻐했다.

그것이 잘못일까? 거대한 죄일까? 옳진 않더라도, 모범적인 행동은 아니라도, 하나님은 그것을 허물로 여기지 않으셨다. 요나를 하나님이 주신 것이라면 박넝쿨 조차도 긍휼히 여기는 온유한 자로 명명하셨다.

하나님이 다만 그렇게 해석하시자, 요나는 정말 그런 온유한 자가 된다.

실은 이 세계 그 무엇도 영속하진 않는다. 이 땅에 그 어떤 것도 그렇다. 박넝쿨만 하더라도, 바람이 불고 비가 내리면 곧 시든다. 심신이 모두 지쳐 한계에 다다른 선지자 요나를 위한 잠깐의 위로였을 뿐이다. 그 박넝쿨 덕분에 요나도 잠깐 기쁠 수 있었다. 그 박넝쿨 덕분에 요나도 내리쬐는 뙤약볕을 잠시간 피할 그늘을 만날 수 있었다.

그렇기에 박넝쿨은, 요나를 함정에 빠트리거나, 유혹하거나, 혹 아픔을 주기 위한 소재가 아녔다. 박넝쿨은 요나에게 있어서 하나님으로부터 온 위로였고, 혜택이었다. 하지만 그저 내리던 단비도 그칠 때가 있고, 검은 밤도 밝아질 때가 있듯, 박넝쿨도 져야 할 때가 되어서 졌을 뿐이다. 다시 말해, 니느웨 성곽이 보이는 황무지에서 요나의 야영이 끝날 때가 되었기 때문이다.

말하는 자의 소리여 가로되 외치라 대답하되
내가 무엇이라 외치리이까
가로되 모든 육체는 풀이요 그 모든 아름다움은 들의 꽃 같으니
풀은 마르고 꽃은 시듦은 여호와의 기운이 그 위에 붊이라
이 백성은 실로 풀이로다
풀은 마르고 꽃은 시드나 우리 하나님의 말씀은 영영히 서리라 하라
아름다운 소식을 시온에 전하는 자여 너는 높은 산에 오르라

아름다운 소식을 예루살렘에 전하는 자여 너는 힘써 소리를 높이라
두려워 말고 소리를 높여 유다의 성읍들에 이르기를
너희 하나님을 보라 하라
- 이사야 40:6~9

그렇게 니느웨에서의 요나의 때가 끝났다. 이제 돌아가야 할 때. 그저 하나님은 텐트를 거두셨다. 이는 마치 콜콜 늦잠을 자는 자녀를 부드럽게 깨우기 위해서 슬쩍 커튼을 거두는 부모의 손길과도 같다.

그런데 요나는 박넝쿨을 소재로 하나님께 노를 표출했다. 아니, 감정을 표현했다. 그 대화에서 하나님은 박넝쿨과 요나의 분노를 소재로 그와 소통하고 설득하고 또 공감에 이르도록 대화하셨다.

이는 요나서의 아주 독특한 점이다. 우리는 절대자인 하나님을 기도로 '설득'하려고 한다. 하나님을 성공적으로 설득한 '기도문'을 성경에서 찾으려 한다. 또는 어떤 유명한 종교 지도자의 기도 말을 따라 하곤 한다. 응답받은 장소나 "잘 통하는" 기도 방법 등을 도출하면 뛸 듯 기뻐한다. 그렇기에 아주 영험하고 효험이 좋은 기도문을 찾아 헤맨다.

하지만 요나서에서 하나님과 요나의 관계는 전혀 다르다. 하나님이 요나를 설득하신다. 요나서에 기록한 면면들만 보아도, 하나님은 아주 지극정성으로, 요나에게 다양한 경험과 생각할 시간을 허락하며, 차분

한 어조로 설명하신다.

요나도 하나님이 옳으시단 것을 안다. 어떤 정당함, 그러니까 야타브는 오로지 여호와께 속한 것임을 안다. 하지만 감정적으로 납득이 안 간다. 그러한 자기의 감정을 요나는 숨기지 않는다. 마치 하나님은 요나의 골수까지 속속들이 알고 계셔서, 요나 자신을 옳은 방향으로 인도해 주실 수 있다는 믿음이 있는 것만 같다.

이렇게 성경의 요나서는 마무리된다. 요나가 품은 감정이 야타브 하다는 것으로 하나님은 결론 내리기로 하신다. 그리고 그렇게 결론 났다. 요나가 무어라 대답하기 전에 말이다. 하나님이 이미 요나가 정당하다고 판결을 내리셨는데, 또 무엇이 더 필요할까? 판사가 판시하면, 모두 인사를 나누고 법정을 나서면 그만이다. 각자의 감정을 안고서 퇴정하면 된다. 그래서 요나서는 4장까지만 존재한다. 하지만 비록 요나서는 마지막 장을 맞이했음에도, 선지자 요나의 이야기는 아직은 다 끝나지 않았다. 하나님은 요나에게 또 다른 사명을 남겨주셨다.

하나님, 요나를 본향으로 되돌려 보내시다.

요나뎐 傳

4장 가을 냄새
귀향 HOMECOMING

요나, 돌아오다

북이스라엘로 돌아온 요나. 당시 북이스라엘은 여로보암 2세가 다스리고 있었다. 그는 성경에 명시적으로 '악한 왕'이라 소개한 왕이다 (왕하 14:24).

요나는 돌아왔다. 그리고 북이스라엘에서의 사역도 계속된다. 전후 사정으로 보건대, 북이스라엘은 대대적으로 회개하지 않았다. 요나가 경험한 니느웨에서의 커다란 성취는 북이스라엘에선 없었단 말이다. 게다가 잠재적 적국에 도움을 주고 돌아온 요나를 대다수는 달갑게 여기지 않았을 것이 분명하다. 시간이 흐르며 니느웨의 세력이 점점 강해질수록, 요나를 탓하는 손가락이 늘 것은 분명하다. 이는 민족을 사랑하는 마음이 출중한 요나도 마찬가지다. 요나는 남몰래 자기를 탓하며 괴로워했을 것이다.

흥미롭게도 이는 작금의 요나에 대한 인식과도 일맥상통한다. 아마 예수님이, 당신의 십자가 죽음과 부활의 이적을 예표 하는 선지자로 요나를 직접 언급하시지 않았더라면, 그 누구도 요나를 진지하게 여기지 않았을 터다. 오늘날도 요나를 존중하기보단 얕잡아 보는 시각이 보편적이니까 말이다. 하지만 하나님이 요나에게 남겨두신 사명은, 그저 수욕의 사명이 아녔다. 요나서 4:6에 하나님이 요나의 머리 위에 그늘을 두심으로 나짜르구원하고 계신다는 묘사는 단순히 문학적 기법이 아녔음이 그 인생 후반부에 드러난다.

요나서 지면에 없는 요나의 이야기는 이스라엘의 왕조실록이라 할 수 있는 역사서인 열왕기서에 기록되어 있다. 그리고 실로 흥미롭게도 공식 역사서엔 요나서의 내용이 일절 기록해 있지 않다. 이는 어떤 배려로 보인다. 하나님은 요나가 공식 역사에서 요나서의 모습으로 기록되길 원치 않으시는 것만 같다. 주님은 요나가 열왕기서에 기록한 모습으로 인구에 회자하게 하시겠단 의지도 느껴진다. 요나서의 모습이 흑역사라서 없이하신다는 의미가 아니다. 물론 요나에겐 그런 미숙한 모습도 있었겠지만 그건 어디까지나 요나가 가장 어렵고 힘든 순간이었고, 평소 요나의 모습은 공식 역사서에 기록한 그 모습이라고 말씀하시는 것만 같다.

앞서 의인 한 사람만이라도 있으면, 그 의인 한 사람을 위해서 도성 전체를 구원하시는 하나님을 나눴다. 그리고 북이스라엘엔 그 의인 한 사람이 없어서 쇠락을 앞뒀다고 했다. 하지만 이제 요나의 선교라는 '수지'를 맞은 덕에 구원을 경험한 니느웨의 차례가 끝나고, 북이스라엘이 '수지'를 맞을 차례가 되었다.

북이스라엘엔 여전히 의인이 하나도 없었다. 시편의 고백처럼 말이다.

> "하나님이 하늘에서 인생을 굽어 살피사 지각이 있는 자와 하나님을 찾는 자가 있는가 보려 하신즉 각기 물러가 함께 더러운 자가 되고 선을 행하는 자 없으니 하나도 없도다"(시 53:2~3)

하지만 다행히도 이제는 요나가 있다. 요나라는, 스올의 뱃속에서도 생환한 미증유의 선지자가 북이스라엘에 있다. 하나님이 정당하다고, 야타브 하다고 선언해 주신, 요나가 있다. 여리고 화도 많고 슬픔도 많지만, 하나님은 그 시대에 요나를 택하사 구원을 베풀기로 하신다.

의인의 결핍 상태는 비단 북이스라엘만의 문제는 아니다. 훗날 사도 바울은, 이 시편을 인용하며, 이런 의인의 부재는 단순히 특정 시대의 특정 도성의 문제가 아님을 역설했다(롬 3:9~12).

하지만 오늘날에는 우리 남은 자들이 있게 하셨다. 비록 우리는 부족하지만, 하나님의 전적인 은혜를 통해, 우리로 세상에서 빛과 소금이 되게 하심을 소망할 수 있게 하셨다. 그렇기에 세상이 어두워지고 민심은 갈수록 흉흉해져도, 우리 믿는 자들은 절망하지 않는다. 오히려 주신 '믿음'을 들어낼 '믿음의 무대'로 여기고, 우리를 통해 놀라운 일을 이루실 하나님을 기대한다.

우리 남은 자들은 때론 요나서에 기록한 아직 다듬어지지 않은 요나의 모습과도 같다. 실은 우리는 요나보다 더하면 더했지 결코 덜하지 않다. 그럴지라도 우린 요나와 다른 시대를 산다. 이는 육적으로도 그렇고 영적으로도 그렇다.

우리는 성령께서 내주역사 하시는 은혜의 시대를 산다. 이 은혜의 시대엔 완전한 성경까지 제공된다. 구약시대엔 그저 비밀이라서 아직 신비의 영역에 머물러 있던 많은 개념이, 예수 그리스도를 통해 우리에겐 밝히 드러났다. 오죽했으면, 우리 주님께서 친히 이르시기를 많은 선지자와 의인이 우리가 누리는 것을 보고 듣고자 하였으나, 그러지 못했다고까지 하셨겠는가? 우린, 구약시대 믿음의 열조들조차 심히 사모하며 부러워하던 수많은 영예를 영육 간에 누리고 있다.

"내가 진실로 너희에게 이르노니 많은 선지자와 의인이 너희 보는 것들을 보고자 하여도 보지 못하였고 너희 듣는 것들을 듣고자 하여도 듣지 못하였느니라"(마 13:17).

믿음의 선진들이 우리와 같은 것을 누리고 있었다면, 아마 그들이 경험한 갈등은 극히 적었을 테다. 모든 계시가 없음에도 믿음만으로 사명의 길을 걸었던 믿음의 선배들은, 존중 받을만한 대단한 하나님의 사람들이다. 하지만 다수의 우린 그렇지 못하다. 그러기에 우리의 연약함을 너무나도 잘 알고 계시는 하나님은 우리를 감히 이 놀라운 은혜의 때에 살도록 해 주셨다. 비록 우리가 부족할지라도 이 은혜의 시대를 살아가는 내내 우리는 하나님의 풍성한 은혜와 긍휼을 날마다 확인할 수 있다.

그런 은혜로우신 하나님이 다시 요나를 부르신다. 요나의 기록하지 않은 행적, 그러니까 요나서 4장 이후 내용은, 그 악한 세대에서 여리디여린 요나를 하나님이 사용하시는 이야기이다. 말하자면 요나서 5장에 해당할 내용이 담겼다.

이제 하나님이 움직이신다. 자격 없는 니느웨를 오직 은혜로 구원하신 하나님께서, 이제 북이스라엘에도 소망을 주시려 웅비하신다. 당신이 사랑하시는 종, 요나를 통해서 역사하신다.

북이스라엘의 새로운 전성기, '회복'의 응답이 가드헤벨 아밋대의 아들 선지자 요나에게 임하다.

이야기찬양듣기
요나의 귀환

이스라엘의 회복

"이스라엘의 하나님 여호와께서 그의 종 가드헤벨 아밋대의 아들 선지자 요나를 통하여 하신 말씀과 같이 여로보암이 이스라엘 영토를 회복하되 하맛 어귀에서부터 아라바 바다까지 하였으니"(왕하 14:25).

하맛은 아시리아의 영향권이며, 아라바 바다는 사해로 알려진 바다다. 하맛의 경우는 솔로몬이 점거해서 국고성들을 건축했던 지역이다. 이후 이스라엘이 두 왕국으로 쪼개지고 내전을 겪으면서, 상실한 영토였다. 이 두 영역을 회복한 것은, 북이스라엘 역사상 최대판도가 된다. 실제로 이 영토를 회복한 북이스라엘은, 군사적으로나 외교적으로, 또 경제적으로 대단한 호황기를 맞는다.

여로보암 2세는 악한 왕이다. 그런데 실로 의아하게도 그의 치세 하에서 북이스라엘은 강력한 국가가 되어서 전성기를 누린다. 이 해석하기 어려운 역설은, 그 회복을 예언한 선지자가 '요나'라는 사실 덕분에, 말끔히 해소된다. 요나를 통해 구원이란 단어조차 전혀 어울리지 않는 니느웨에게 기회를 주신 하나님이, 북이스라엘 역시 요나를 통해 전혀 구원을 얻을 자격이 없는 상태에도 기회를 주신다.

그 기회는, 전적으로 자격 없는 대상에게 임했다는 점에서, 모두 '은혜'라고 칭하기에 적합하다. 그런 의미에서 요나의 사역은 오늘날 그리스도인들이 누리는 '은혜의 시대'의 예고편과 같다. 우리가 누리는 구원은, 얻는 것이 너무나 손쉬워 보일 정도라서 앞에서도 언급한 바 있듯, 일각에선 행위 구원으로 돌아가잔 움직임도 있다. 하지만 그런 구원의 영역은 인간이 건들 수 있는 부분이 아니다. 우리의 생각이나 의견, 감정 따위는 고려 대상도 아니다. 오직 하나님이 뜻하신 바에 따라서 모든 것이 조화롭게 이뤄질 일이다. 그리고 그런 면은 역시 여로보암 2세 때 북이스라엘에 임한 은혜와도 일맥상통한다.

"이는 여호와께서 이스라엘의 고난이 심하여 매인 자도 없고 놓인 자도 없고 이스라엘을 도울 자도 없음을 보셨고 여호와께서 또 이스라엘의 이름을 천하에서 없이 하겠다고도 아니하셨으므로 요아스의 아들 여로보암의 손으로 구원하심이었더라"(왕하 14:26~27).

성경은 분명히 밝힌다. 하나님은 당시 북이스라엘인의 고난이 심하여 그 누구도 그들을 도울 수 없음을 참작해 주셨다. 이는 북이스라엘의 전성기에 관해선 여로보암 2세에겐 먼지만큼의 공적도 없다는 확고한 태도다. 오로지 하나님의 불쌍히 여기심이 그 이유였다.

회복의 이유 #1: 하나님의 성품

하나님의 불쌍히 여기심은 요나서 4장에서 하나님과 요나가 **후스**(חום: 불쌍히 여김)라는 키워드로 서로 공감한 장면을 떠오르게 한다. 요나가 하찮은 박넝쿨에 분노한 것은, 하나님의 해석에 따르면, 그 말 못 하는 식물을 불쌍히 여겼기 때문이다. 이와 같이 하나님은 니느웨를 그리고 북이스라엘을 불쌍히 여기신 것이다. 이를 우리 성경에선 '보셨다'(ראה 라아)라고 표현했다. 히브리어 성경의 어순은 이 메시지를 강화한다. 어순까지 포함하여 직역하면 이런 말이 된다.

"이는 보셨음이라. 여호와께서, 이스라엘의 고난을"

이 문장 자체로도 하나님의 성품이 드러난다. 그분은 당신 백성의 고난을 '보시고' 그냥 넘기지 않는다. 여호와가 도우시는 이유는 다만 '보셨기' 때문이다. 다른 거창한 이유가 필요 없다. 그래서 시편의 기자는 하나님만을 '도움'으로 칭하길 주저하지 않는다. 때때로 그저 하나님은 나의 도움이시니 아무런 이유가 없더라도 도와달라 외친다(시 27:9,

40:17, 46:1, 70:5, 146:5). 특별히 다윗은, 하나님은 아무런 도움이 되지 않으실 거란 악담을 들은 바 있다(시 3:2). 그리고 그 악담은 완전히 틀렸다는 것이 다윗의 인생 전반을 통해 반복적으로 증명된다. 다윗의 고초를 '보신' 하나님의 도우심을 통해서 입증된다.

이처럼 하나님은 우리의 도움이 되신다. 이는 우리가 생각하는 것만큼 특별한 조건이 필요하지 않다. 열왕기하에 기록한 이 장면에서 하나님은 그 어떤 기도문을 들으시고 움직이지 않으셨다. 그 어떤 대상의 간청으로 움직이지 않으셨다. 하나님은, 당신이 '보신' 바에 따라 움직이셨다. 하나님은, 당신의 **성품**대로 행하셨다. 하나님은 절대 주권을 당신의 임의대로 사용하신다. 여로보암 2세 때에선, 당신의 주권에 따라서 은혜를 베푸셨다.

하나님은 당신의 백성의 어려움을 그냥 지나치지 않으신다는 성품을 가지셨다. 이를 신뢰하고 의지하는 것이, 주님이 우리에게 요구하시는 바이다. 즉 이는 하나님만을 도움, 창구로 삼은 자들이, 또 삶 속에 주님밖에 없는 자들이 누리는 기쁨이다.

회복의 이유 #2: 하나님의 뜻

두 번째로 명시된 회복의 이유는 "이스라엘의 이름을 없이 하겠다 결정하신 바가 없었기 때문"이다. 이는 하나님의 **뜻**이다. 예레미야의 유명한 구절과도 일맥상통한다.

"나 여호와가 말하노라 너희를 향한 나의 생각은 내가 아나니 재앙이 아니라 곧 평안이요 너희 장래에 소망을 주려하는 생각이라"(렘 29:11).

장차 있을 환란과 이스라엘이란 국가의 멸망을 예언한 예레미야에게 직접 당신의 뜻을 밝히신 장면이다. 때론 우리의 현실과 하나님의 뜻엔 기묘한 시차가 있다. 비록 하나님은 이방 제국의 손에 이스라엘을 넘겨 멸망하게 하실지라도, 이는 영원한 유기가 아니다. 눈으로 볼 때, 모든 희망이 소멸한 것 같고, 상황은 최악으로 치닫는 거 같다. 하지만, 이 모든 것은, 도리어 이스라엘의 영원한 회복을 위함이라고 밝히신다. 오늘날을 위한 평안과 그리고 미래를 위한 소망을 주시는 것이 하나님의 본뜻이다.

이처럼 북이스라엘이 경험한 대단한 회복의 이유는 이스라엘 백성이나 여로보암 2세에서 찾을 수 없다. 그 어떤 표정도, 그 어떤 외침도 하나님이 그들을 도우시는 '이유'일 수 없다. 열왕기하의 기자는 이 사실을 분명히 한다. 하나님이 움직이신 이유는 오로지 당신의 성품과 뜻에 기인했다. 또 당신이 사랑하시는 종 요나의 예언을 참된 예언이 되게 하심이다. 그래서 그 백성을 불쌍히 여기셔서, 그 왕과 백성 모두가 악하다 해도 구원하셨다. 전적인 은혜로 말이다.

이는 요나가 두 번째로 경험한, 자기가 전하는 메시지를 들은, 정말이지 '회복'을 선물로 받을 가치가 없는 대상이, 은혜로 회복한 것이다. 첫째는 니느웨였다. 구원이 은혜로써 주어지자, 요나는 분노했다. 하지만 두 번째로 북이스라엘의 회복이 은혜로서 주어졌을 때 요나는 어떠했을까? 분명 형용할 수 없을 만큼 기뻤을 것이다. 이처럼 선인과 악인 구분 없이 늦은 비와 이른 비를 내려주시는 것은, 궁극적으로 악인을 위한 것이 아니라, 선인을 위함이다. 이방인에게 은혜를 베푸시는 것은, 하나님의 사람을 위함이다. 그 자리에서 우리가 박탈감을 느낄 이유는 전혀 없다.

하나님의 시선으로 본다면, 니느웨의 회복은 이스라엘의 유기가 아니다. 오히려 이스라엘에 임할 회복의 전조이다. 이스라엘의 이권과 상충 될 것이 아니다. 그들이 회개하든 말든, 니느웨가 망하건 말건, 아시리아인들은 그들의 행위를 할 것이다. 그렇다면, 이스라엘도, 하나님의 사람도, 그들의 행위, 그들에게 어울리는 일을 해나가면 된다.

이는 공생애에서 그리스도의 사역 모습과도 닮아있다. 당시엔 온갖 다양한 종교·정치 세력들이 저마다의 목소리를 내고 있었다. 그리고 놀랍게도 그들 중 그 누구도 정답을 말하고 있는 자가 없었다. 이러한 현상에 대하여 예수께선 "눈이 먼 자가 눈이 먼 자를 인도한다"라고 표현하셨다(마 15:14).

그런 오답만 내놓은 당대 종교 지도자들에 대한 그리스도의 반응은 사뭇 예상할 수 없는 것이었다. 대부분의 경우 예수께선 그들의 노고를 위로하셨고, 그들이 대대로 심혈을 기울여 만들어 낸 결론, 그러니까 그들의 가르침만은 본받을 만한 것으로 여기셨다(마 23:3). 다만 '누룩'으로 비유되는 그들의 실책이나 그들의 언행일치하지 않는 삶의 모습은 받아들이지 말 것을 제자들에게 권면하셨을 뿐이다(마 16:6; 막 8:15). 예수님은 그들의 모든 것을 부정하시거나 그들과 대척점을 이루지 않으셨다. 오히려 그들이 예수님을 공격하기에 혈안이 되었지만, 예수님은 그들과 다투거나 그들의 체계를 논파하는 것엔 관심이 없으셨다.

그런 의미에서 예수의 공생애는 독특하다. 사회개혁이라는 것은, 대체로 기존에 존재하는 **테제**(定立, These)를 무너트릴 **안티테제**(反立, Antithese)를 구성하는 방식으로 진행된다. 하지만 예수께선 그저 당신의 사역을, 당신의 일을 하셨다.

당대 종교·정치지도자들은 주 예수께서 그 시대에 존재하던 **테제**에 편승하지도, 그렇다고 해서 **안티테제**를 구성하지도 않으시는 모습에 적잖게 당황하여 어쩔 줄 몰라 했다. 그리고 저마다의 세력은, 갑자기 등장하여 이목을 끄는 젊은 예수의 의중을 살피기 위해서 사람을 보내기도 했고, 어려운 문제를 던지며 시험하기도 했다. 이 모든 과정은 그가 과연 나의 세력에 귀속될 수 있는 자인지 확인하는 것이었다. 그렇게 시대상이 만든 가상의 저울에 오른 그리스도는 실로 기묘하게도 낙제점을 받으셨다.

이 평가의 결과로, 성경의 표현에 따르면, 예수께선 건축자가 버린 돌이 되었다. 건축가라고 해서 하나의 건축물만 짓지 않는다. 크고 무거운 돌도, 작고 볼품없는 돌도, 그 만드는 대상에 따라서 저마다의 쓸모가 있다. 하지만 유독 예수님만은, 당시 그 어떤 종교 세력도 그 어떤 정치단체도 도무지 사용할 수 없다고 판정받은 돌로 여겨져서 버림받으셨다.

고약하게도 그들은 자기들이 쓸 수 없다고 판단한 예수님을 그냥 내버려두지 않았다. 붙잡아 유대인의 왕이라 조롱하고, 가혹한 채찍으로 그 살갗을 헤집어 놓았다. 그래, 그것이 삶의 생태다. 내 사람이 될 수 없다면, 내 것이 될 수 없다면 파괴하고 망가트리고 도무지 회복할 수 없는 꼴로 부수어놓는다. 이는 자기의 가치판단이 맞는다는 자신감에 기인하지 않는다. 도리어 자신의 가치판단이 틀릴 수 있다는 불안을 해소하기 위함이다. 만일 예수가 진정 그리스도시고, 다만 자신이 그것을 알아보지 못한 것이라면, 그 자체로 명예건 체면이건 손상되었을 테니까 그런 짓을 자행했다. 그리고 주님의 육신을 무덤에 단단히 밀봉했다. 하지만 그들에겐 실로 애석하게도 예수께서 돌아오셨다. 죽음에서. 사흘 만에.

예수님은 이후 40일간 흩어진 제자들을 모으시고 사역을 마무리하셨다. 그것엔 예사의 경우라면 당연히 포함되었어야 할 활동이 빠져있다. 그건 바로 반대자들에게, 죽음을 선고한 자들에게 주님 자신을 보이시는 것이다. 그 자체로 그들이 틀렸다는 것을 증명할 수 있는 압도적인 증거가 되어줄 터였다. 그랬다면 그들이 그토록 지키고자 했던 체제도 속절 없이 무너졌을 것이고, 예수의 가르침만이 시대의 **테제**가 될 수 있었겠다. 하지만 예수께선 그런 것에 관심이 없었다. 부활한 이후의 예수님은 여전히 당신의 사역만 하셨다. 당신이 만나야 할 자들을 만나시고 당신이 하셔야 하는 말씀을 하시며 또 찾고자 하는 자를 찾으셨다.

예수가 보이신 이런 모범은 요나 이후로 펼쳐질 이스라엘의 역사와도 닮아있다. 니느웨는 니느웨가 할 것을 했고, 이스라엘은 이스라엘이 할 것을 했다. 요나의 삶도 그랬다. 요나도 결국 요나의 사역을 감당하며, 요나의 삶을 살았다.

이를 위해서 하나님은, 요나를 스올의 뱃속에서도 보전하셨다. 또 요나 입장에서 12만여 명의 적으로 득실득실한, 니느웨라는 적진 한가운데에서도 지켜주셨다. 단순히 요나의 생명만을 지키시지 않았다. 수가 틀리면 화도 내고, 억울하면 불만도 투덜투덜 토로하고, 문제가 발생하면 냅다 줄행랑 도망갔다가도, 그 누구도 남길 수 없는 걸출한 고백을 내뱉는 요나, 바로 그 요나를 보존하시고 고스란히 남기셨다. 요나는 요나서 1장에서 요나서 4장에 이르기까지 여전히 요나였다. 그런 요나가 요나 되도록 허락하신 하나님 덕분에, 요나도 요나의 삶을 살며 요나의 일을 해나갔다.

요나 인생 5장

그토록 요나를 분노케 했던, 하나님이 니느웨에 보이신 긍휼은, 북이스라엘 회복의 전조였다. 더 나아가 우리가 누리는 십자가 구원의 예표이다. 그렇다면 요나는 까닭 없이 성을 낸 것이다. 일이 이렇게 될 줄 알았더라면 요나는 성을 낼 이유가 없었다. 그래도 사람이 미래 일을 어떻게 알겠는가? 그래서 요나는 도망도 쳐보고, 심해 깊은 곳에 들어가 보기도 했다. 하나님의 뜻을 오해했기에, 주어진 사명의 결국을 다 알지 못했기에, 요나는 반항도 하고 분노도 해봤다. 그래, 사람이니까 그럴 수 있다.

그렇다면 이상한 점이 있다. 우리가 믿는 하나님은 전지전능하시다. 다시 말해, 요나서의 서사에서 하나님은 처음부터 모든 것을 계획하셨다. 그렇다면 애초에 요나를 니느웨로 부르셨을 때 부드러운 어조로 "네가 하는 모든 것이 결국 북이스라엘의 회복으로 이어질 것이니 두려워 말라."라고 말씀해 주실 수 있으셨다. 그랬다면, 요나가 좌충우돌 실수하거나 격분하지 않았을 것이다. 하지만 그러지 않으셨다.

거기엔 두 가지 이유가 있다. 첫째로 만약에 하나님이 미리 요나에게 모든 사정을 설명하시고 간청하셨다면, 그것은 '**거래**'이지 '명령'으로 주어진 사명이 아니게 된다. 하지만 더욱 중요한 부분은, 둘째 이유다. 보상과 명령을 혼용하는 것은, 요나를 요나 될 수 없게 한다. 이는 '**조종**'이다. 하나님이 어떤 명령을 주시고, 그를 위배할 시, 징벌하신다고 위협하거나, 그가 이행할 시 상을 주시겠다 회유하는 것은, 요나를 요나 되지 못하게 할 뿐만 아니라, 하나님을 하나님 되시지 못하게 한다.

하나님은 우리의 왕이다. 하나님은 우리의 거래 상대가 아니다. 따라서 우린 하나님과 '협상'할 수 없다. 그 망극한 협상을 '서원'이란 단어로 아무리 포장한다 한들, 절대 성립하지 않는다. 하나님은 뜻하신 바를 뜻하신 이에게 그저 '**명령**'하신다. 그렇다. 왕은 부탁하지 않는다. 명령한다.

권위나 주(主, Lord)라는 개념이 없는 현대인들에겐 낯설지만, 성경이 쓰인 시점의 사람들은 이 점을 익히 이해했다. 하나님이 우리에게 원하시는 순종은, "즐겨 순종"(사 1:19)이다. 순종 여부만 중요하지 않다. 순종 자체는, 왕과 권위가 있던 세상에서 너무나 당연하여 특이한 것도 없다. 애초에 순종은 상수(常數: 정하여진 일)이다. 왕명에 대한 저항은 곧 반역이고 사형이 상식이던 시대이기 때문이다. 요는 '즐겨' 순종하는 것이다.

> "백부장이 대답하여 이르되 주여 내 집에 들어오심을 나는 감당하지 못하겠사오니 다만 말씀으로만 하옵소서 그러면 내 하인이 낫겠사옵나이다 나도 남의 수하에 있는 사람이요 내 아래에도 군사가 있으니 이더러 가라 하면 가고 저더러 오라 하면 오고 내 종더러 이것을 하라 하면 하나이다 예수께서 들으시고 놀랍게 여겨 따르는 자들에게 이르시되 내가 진실로 너희에게 이르노니 이스라엘 중 아무에게서도 이만한 믿음을 보지 못하였노라"(마 8:8~10).

하나님은 요나에게만 이렇게 대하지 않으셨다. 성경에 기록한 아무리 대단한 인물이라도, 완전한 정보가 제공된 경우는 드물었다. 대다수는 그저 명령만으로 순종하고 실천해야 했다. 그런 상황에서 하나님의 사람은 **믿는다**. 그렇다. 하나님의 좋으심, 선하심은, 증명의 영역이 아닌, **믿음의 영역**이다. 만약 하나님이 우리를 붙들고 선하심을 입증하려고 애걸복걸하신다면, 그분은 하나님도 아니고 왕도 아니다. 그렇기에 하나님이 견지하시는 태도는 늘 욥기에서 욥을 대면하신 하나님과 같다.

> "여호와께서 또 욥에게 일러 말씀하시되 트집 잡는 자가 전능자와 다투겠느냐 하나님을 탓하는 자는 대답할지니라 욥이 여호와께 대답하여 이르되 보소서 나는 비천하오니 무엇이라 주께 대답하리이

까 손으로 내 입을 가릴 뿐이로소이다 내가 한 번 말하였사온즉 다시는 더 대답하지 아니하겠나이다"(욥 40:1~5).

그런 위엄있고 당당한 하나님이시기에, 우린 그분을 깊이 사랑하고 또 경외한다. 하나님은 늘 하나님이시다. 그 어떤 상황에서도 말이다.

보호자와 강아지의 관계도 마찬가지이다. 강아지마다 제각각 고유한 성격과 성향이 있다. 하지만 그럴지라도 개들에게는 공유하는 본능적 사고방식이 있다. 그중 하나는, 리더십 있고 강단 있는 보호자를 원하는 점이다. 보호자가 그런 모습을 보여주지 못한다면, 강아지는 불안해한다. 결국 스스로 나서, 그 집안의 리더가 되려 한다.

그럴 경우, 당연히도 이는 사람들에게 곤혹감을 느끼게 한다. 강아지가 리더십을 발휘한다며 시도 때도 없이 짖고, 사람에게 고유한 '영역'을 지정해 준다. 이에 따르지 않으면, 보호자와 그 가족에게도 입질을 하기도 하고, 공격을 하기도 한다. 외부인은 보이는 족족 쫓아내려 한다. 강아지가 생각하는 리더의 통치와 보호는 그런 것이기 때문이다. 그리고 그런 공격성이 있는 강아지는 일반적인 칭찬을 통한 행동 교정이 매우 어렵다. 행동 교정은 좋은 행동에 상을 줘서 학습시키고 긍정적 행동을 강화하는 것이다. 하지만 강아지는 자기보다 아래 있다고 생각해서, 우습게 여기는 대상이 주는 칭찬에 기뻐하지 않는다. 당연히 원하지도 않는다. 그러니, 그것을 통해서 훈련을 진행하는 것이 불가능하다.

이는 어쩐지 우리의 모습과도 같다. 때론 우리는 하나님만이 우리의 보호자, 우리의 리더, 그리고 왕이심을 잊는다. 그래서 그분을 "보호"하겠다고 '신앙의 수호자'를 자처한다. 그리고 마치 강아지가 우습게 보는 대상의 칭찬을 기뻐하지 않듯, 하나님으로 인한 기쁨이 휘발한다. 오직 사명감으로 포장한 자기 의만 남는다. 성경엔, 그리고 교회사엔, 이런 착각으로 몰락한 인생 군상이 수도 없이 많다.

그래서 하나님과의 관계에서 꼭 확보되어야 하는 것은, '**경외**'다. 하나님 무서운 줄을 알고, 그분의 광대하심을 이해한 사람만이 그분의 은혜에도 감사한다. 감사의 부재는 곧 경외의 부재이다. 하나님과 우리 간에 존재하는 엄청난 격차에 대한 몰이해다. 진정 주님을 두려워하는 자는, 최후의 심판 때, 그분의 "잘하였도. 착하고 충성된 종아"라는 한마디의 음성을 듣기 위해서 온갖 수고를 마다하지 않는다(마 25:21~23). 마치 그 말 한마디가 가장 커다란 상급인 것처럼 목숨까지 내어 바친다.

오직 하나님의 왕 되심을 완전히 이해하지 못한 자들만이, 이 책 2장에서 다룬, '포도원 주인의 비유'에서 불평불만을 늘어놓았던 일꾼들처럼, 하나님이 약정해 주신 '한 데나리온', 즉 '구원'으로 만족하지 못하고, 저들 나름대로 괴상한 상급 체계를 만들어서 하나님께 청구한다. 아무리 계산해 보아도, 본인은 상급을 더 받아야겠다고 우긴다. 애초에 한 데나리온을 얻을 노동의 기회조차 없었던 이들이, 주인이 베푼 은혜를 빌미로, 포도원 주인의 인성이나 공정성을 평가한다. 해당 비유에서야, 일꾼들이 분노를 터트린 대상이, 같은 인간이었지만, 우린 때때로 하나님을 재단하려 든다.

실로 애석하게도 이는 우리의 모습이다. 어떤 이들은 신앙의 수호자를 자처하며, 하나님 대신 리더십을 발휘하려고 한다. 신앙이라는 지평에서 어떤 '기강'을 세우려고 한다. 마치 하나님의 위엄이 부족하신 것처럼 말이다. 그런 태도는 흡사 하나님께 더 좋은 길을 알려드리려는 과정 같다. 마치 십자가를 앞둔 그리스도를 설득해서 십자가 말고 더 좋은 길이 있다고 권했다가, 혼쭐이 났던 베드로의 실수와 같다(막 8:33).

요나서엔 아주 신기한 점이 있다. 요나는 분명 사명에서 도망하기도 하고, 시종일관 투덜거렸다. 하나님께 분노를 표출하기도 했다. 그런데도 요나의 '경외'만은 굳건했다. 이게 무슨 말인가? 반역, 어리석음, 원망의 대명사로 기억하는 요나가 경외를 늘 굳건하게 품고 있었다니?

요나는 제아무리 상황이 마음에 들지 않아도, 하나님을 설득하거나, 회유하지 않았다. 애초에 하나님은 협상의 대상이 아니심을 알고 있었다. 또 요나는 **오직 주님만을 창구**로 여겼다. 그의 불행도, 그의 행복도, 그저 주님의 말씀 한마디에서 비롯된다. 구시렁구시렁 불만을 늘어놓더라도, 하나님이 하신 일을 마주하면 어린아이와 같이 기뻐한다. 그러다가, 하나님이 하신 일이 멀게 느껴지면, 언제 그랬냐는 듯 슬퍼한다. 요나서에 기록한 요나의 어려 보이는 행동양식은, 그야말로 **어린아이와 같은 믿음**이었다. 애석하게도 요나서는 요나의 삶 중에서 최악의 나날들을 담고 있다. 영어로는 이를 The Lowest Point of Life라고 표현한다. 인생에서 가장 낮은 순간, 가장 비참하고 가장 못난 모습을 말한다. 이를 바꿔 말하면 이렇게 된다. **그런 시기에도 요나는 오직 여호와만을 기대했고, 여호와만을 기뻐했다.**

열왕기하에 이르러 요나는 이제 그 비참하고 낮은 순간에서 벗어난다. 그런 요나에게 하나님은 북이스라엘 회복을 예언하고 주도한 빼어난 인물로 기억되게 하신다. 그뿐만 아니라, 하나님은 그를 예수님 대에 이르러 예수님의 죽음과 부활을 직접적으로 예표 한 유일한 선지자로 만드셨다. 그렇다면 우리는 요나서만의 아주 독특한 교훈을 얻을 수 있다. 그것은 바로 당장 눈에 보이는 언행보다도 중요한 것은, 그 사람 속에 담긴 **경외**라는 사실이다.

이런 교훈은, 역전시켰을 때 오히려 그 형태가 뚜렷해진다. 성경도 이러한 우리의 이해를 돕기 위해, 요나와 정반대의 사례를 다수 수록했다.

서기관과 바리새인들은 겉모습은 아주 훌륭했다. 하지만 그 내면은 그렇지 못했다. 그래서 예수님은 그들을 아주 화려하게 꾸민 무덤이라 칭하셨다(마 23:27~28). 에스겔은 그저 입으로만 사랑하고 마음은 그렇지 못한 사람들을 언급한다(겔 33:31). 이사야서엔 입술로는 하나님에게 온갖 미사어구를 사용하며 칭송하지만, 마음은 멀리 떠난 백성에 대한 책망이 기록되어 있다(사 29:13). 그리고 예수님은, 이 이사야의 예언을 언급하시며, 공생애 시절 종교 세력을 책망하신다.

"가라사대 이사야가 너희 외식하는 자에 대하여 잘 예언하였도다 기록하였으되 이 백성이 입술로는 나를 존경하되 마음은 내게서 멀도다"(막 7:6).

이에 따르면 바리새인들과 서기관들의 문제는, 지식이나 종교 의식儀式이 아니었다. 이는 바로 **내면**의 문제였다. 그중에서도 특별히 경외의 문제였다. 그들은 하나님을 입으로는 사랑하지만, 마음이 멀었다. 마찬가지로 그들은 늘 모세를 이야기하지만, 실제론 모세의 글조차 믿지 않았다. 즉, 모세란 이름만 알지, 존중하지 않았다.

"모세를 믿었더면 또 나를 믿었으리니 이는 그가 내게 대하여 기록하였음이라 그러나 그의 글도 믿지 아니하거든 어찌 내 말을 믿겠느냐 하시니라"(요 5:46~47).

선지자들의 가르침과 예수님의 공생애는, 언행일치를 넘어 내면과 외면의 일치를 촉구하는 메시지로 충만하다. 왜냐하면, 대부분 사람은, 하나님과의 관계에서 외면적 문제를 겪지 않는다. 그저 남들이 기도할 때 함께 기도하고, 교회에서 통용되는 단어를 나열하면 그만이다. 교회에 24시간 거하지 않으니, 교회에 출석하는 요일에만 집중해서 연기하면 된다. 하지만 그런 이들을 '회칠한 무덤'이라 비판하는 것은 과한 처사다. 실은, 오늘날 예배당에는 곪은 내면을 표현할 공간이 흔치 않다. 약점은 가리고 괴로움은 없이하려 한다. 이러한 현상은 꽤 역사가 깊었던 모양이다. 유명한 유대인의 속담엔, "웃어라, 사람들 앞에서. 울어라, 하나님 앞에서"라는 말이 있다. 이는 단순히 유대인들만의 속담이 아니다. 실은, 우리가 예배당에서 짓는 표정과 행동양식을 덤덤하게 묘사한 바다.

하지만 하나님은 중심을 보신다(삼상 16:7). 이 구절은, 사무엘에게 계시가 임했을 때부터, 매우 중의적 해석을 낳았다. 하나님은 외모가 아닌, 중심을 보신다는 구절은 누군가에겐 비보이고, 누군가에겐 유일한 희망이다. 당대엔 외모가 뛰어나고 모든 조건에서 왕에 적합해 보였던, 사울 왕에게 비보였다. 반면, 당시 리더에 적합하다고 여겨지는 외모, 체구, 그리고 여타 유형적 조건을 그 무엇도 갖추지 못한 목동 다윗에겐 더없이 기쁜 소식이었다.

앞서 2장에서 다뤘던 포도원 비유와도 일맥상통하는 면이 있다. 주인이 모두에게 한 데나리온씩 주겠다는 말은, 일찍 온 일꾼들에겐 불만을 낳았고, 뒤늦게 온 일꾼들에겐 그저 은혜였고 자비였다. 마찬가지로 하나님은 중심을 보신다는 명제 앞에, 바리새인과 서기관은 절망했지만, 요나는 크게 기뻐한다.

요나서에서는 당시 요나가 겪은 내적·외적 고통으로 인해, 결코 모범적인 언행을 보이지 못했다. 하지만, 그런 때라도 그의 내면에는 경외가 들어차 있었다. 우리가 보기엔 요나가 죄 된 행위를 하는 것만 같고, 배은망덕한 언행을 하나님께 내뱉은 것만 같다. 그의 감정은 도무지 하나님이 받을만하신 요소가 없다. 하지만 하나님은 그 진흙투성이, 절규로 범벅되고 온갖 서러움이 여기저기 자리해 엉망진창 그 자체인 요나 마음속, 아주 깊게 파묻혀 있던 **경외**를 기어코 찾아내 주셨다. 그 경외 곁엔, 요나의 본래 성품이자 은사에 해당하는 **긍휼**(חn 후스) 또한 자리하고 있었다. 요나서 4장에 이르러 하나님은 요나의 그 긍휼, 즉 **후스**를 그 마음 깊은 곳에서부터 조심히 끄집어내시어 요나에게 보이신다. 그리고 선언하신다.

"네가 품은 건 분노가 아니라, 박넝쿨에 대한 긍휼이란다. 그리고 이것 보렴, 너의 그 **후스**는 나의 **후스**와 똑 닮았구나. 나도 니느웨를 불쌍히 여겼단다. 나는 네 그런, 날 닮은 긍휼의 마음이 참 좋단다."

우리 내면에 관한 이야기는 해도 해도 이야기할 거리가 넘친다. 옛날에는 혈액형을 소재로 이야기하곤 했다. 요즘엔 MBTI를 두고 우리 서로의 내면에 관해 이야기한다. 요나서 또한, 우리 내면에 담긴 것들을 반추할 만한 소재가 무궁무진하게 자리한다. 요나가 가졌던 구원, 사역, 사명에 대한 의문과, 그로 인해서 마음에 들어찬 "원망"의 문제는, 오늘날 우리 역시 품고 있는 것들이다. 이런 요소들은 이 책 5장에서 자세히 살펴보고자 한다. 왜냐하면 아직 요나에 대해서 한 가지 더 할 이야기가 있기 때문이다. 이제 우린 '한시적 회복', 요나가 경험한 그 자칫 허무해 보이지만, 실은 또한 은혜의 요소인 그것에 대해 나눌 차례이다.

한시적 회복

하나님은 요나의 언어를 사용하시어 니느웨와 북이스라엘을 모두 회복하셨다. 그 결과, 역사적으로 철천지원수라서, 공통점이 없을 것 같은 두 국가가, 그 '자격이 없는 대상이, 요나를 통해 은혜를 얻은 경험'을 공유한다. 게다가 이후 상황도 어찌나 똑같은지, 그 둘의 회복은 모두 한시적이었다.

그래, 니느웨의 회개도 영원하지 못했다. 북이스라엘의 영광도 영원하지 못했다. 그럴지라도 하나님은 그 둘을 잠시나마 회복시키셨다. 마치 요나의 박넝쿨처럼, 그들에게도 잠시간의 휴식을 주셨다.

우린 때로 영원하신 하나님이 그저 영원한 가치만 우리에게 허락하실 줄로 안다. 그런 오해로 한시적이고 일시적인 것들을 모두 정죄하여

기피 하기도 한다. 그런 견지에서 하나님과 하나님 이외의 모든 삶의 요소는 대립한다고 오해한다. 즉, '인간적 편안함'과 '하나님이 주신 거룩한 사명'이 늘 내면에서 갈등한다.

어떤 사역자는 사명감에 불타서 제대로 쉬지도 못한다. 물론 주일은 거룩하게 지킨다. 하지만 그 주일에 가장 바쁜 것은 사역자다. 그래서 사역자는 늘 피로하다. 무수한 부사역자와 조력자가 있어서 형편이 나은 대형 교회가 아닌 이상, 사역자는 제대로 쉬지도 못한다. 이런 점은 개척교회나 미자립교회의 교역자들에겐 더 도드라진다. 그래서 평생 담배도 술도 가까이하지 않는 목사님들이, 과로로 인한 지방간, 각종 암, 스트레스성 질환을 달고 산다. 어쩌면 우리는 안식이 없는 시대를 살고 있다. 잠시간 살다 가는 인생이란 관념하에, 한시적인 위로는 등한시한다.

하지만 요나서에 기록한 사례만 보더라도, 여름날에 하나님은 우리에게 오래오래 보전되는 다이아몬드만 주시지 않는다. 우리에게 시원한 아이스크림도 주신다. 잠시 방심하면 녹아내려서 재빠르게 먹어야 한다. 그리고 다시 더위가 찾아오면 그 시원함은 곧 잊힌다. 하지만 그것을 허무라 규정하지 않으시고, 우리를 위한 잠시간의 휴식, 일상 틈새에 자리한 안식이라 명명하신다. 그렇게 우리에게 시원한 위로를 주신다. 그 덕에 우리도 복잡다단한 세상에서 잠시나마 쉼을 얻는다.

"이르시되 너희는 따로 한적한 곳에 와서 잠간 쉬어라 하시니 이는 오고 가는 사람이 많아 음식 먹을 겨를도 없음이라"(막 6:31).

이는 안식일의 모습과도 대동소이하다. 주간의 고된 노동에서 하루를 쉰들 무엇이 달라질까? 그 일상은 그대로다. 비록 현대 그리스도인들은 안식일이 아닌, 주일을 거룩한 날로 성수한다. 하지만 주일에 얻은 은혜와 깨달음이 일상을 이길 만큼 넉넉하게 자리하는가? 그렇지 못하다. 실은 다수의 우리는 그렇지 못하다. 이상하게도 성경을 읽다가 얻은 영감조차 현실을 만나면 좀처럼 이기질 못한다. 그래서 우린 매주 주님을 찾는다. 틈마다 주님을 구한다. 그도 부족해 매일 하나님께 기도도 하고 투정도 부린다. 같은 구절이라도 같은 응답이라도 우린 끝없이 구한다.

영적인 깨달음은 삶을 만났을 때 현실을 지우지 못한다. 오히려 삶이 우리의 깨달음을 현실의 이름으로 지운다. 우리에게 육신이 있는 한, 삶은 늘 우리가 품은 것들 위에 '현실'을 덧칠한다. 그렇게 우리는 하나님이 주신 영원한 가치를, 사소한 일상의 일들로 자꾸 잊어버린다. 그렇다면 세상과 단절되어 수도원에라도 들어가야 할까? 아니면 요나처럼 물고기 배 속을 기도실 삼아 하나님을 찾아볼까?

다행히도 하나님은 우리의 그런 속성을, 우리를 버릴 빌미로 삼지 않으신다. 그저 우리의 연약함을, 우리의 현황으로 인정하시고 동행을 시작하신다. 우리 신앙의 실로 독특하며 또 벅찬 부분은 바로 하나님과 동행의 시작점이다. 우리 신앙은, 어떤 완성된 사람이 되는 것을 하나님과의 동행 조건으로 규정하지 않는다. 말할 것도 없이 하나님과의 동행은 대단한 영예이다. 구약에서 그것이 허락된 자는 많지 않았다. '의인'이란 범주에 속한 자들에게나 허락된 것이다. 에녹, 노아, 모세, 다윗 등이 유명하다.

하지만 십자가 이후 크게 변한 부분이 바로 그 동행의 조건이다. 이젠 하나님과의 동행은 관계성에 의해 결정된다. 십자가를 통해 형성된 관계, 바로 그리스도의 보혈을 통한 '하나님의 자녀됨'으로 시작한다.

하나님과의 동행이 '능력이 아닌 **관계**'로, '성품이 아닌 **사귐**'으로 시작한다는 원리는 크게 두 가지 사실을 내포한다.

첫째, 하나님과의 동행은 **전적인 은혜**다. 우리의 어떤 조건, 어떤 공로로 시작된 것이 아니다. 따라서 자긍할 요소가 전혀 없다(엡 2:8~9; 롬 3:27; 딛 3:5).

둘째, 하나님과 **동행**하는 사실만으로, 우리의 '**능력**'과 '**성품**'이 보장되지 **않는다**.

우리가 하나님의 자녀란 말은, 우리가 이미 흠결 없는 완성품이란 의미가 아니다. 오히려 그리스도를 닮아가는 성장과 성숙의 경지를 향한 긴 여정을 시작했단 의미다. 그 시작점에선 우리 모두 부족하고 연약하며, '옛사람'인 죄성에 이리저리 휘둘리기도 한다. 따라서 우리 그리스도인들은 모두 '과정' 중에 있다. 우린 완성된 자들이 아니라, 완성되는 서정에 '은혜'로 진입한 자들이다. 따라서 우리는 자긍할 수 없다. 먼저 믿었다고 해서 타인을 깔볼 수 없다.

그런 우리에게 있어서 다행인 점은, 우리의 서정을 도우시는 이는 바로 우리를 창조하신 분이다. 하나님과 우리가 창조주와 피조물의 관계라는 사실은 단순히 위계만을 의미하지 않는다. 그분은 우리를 설계하시고(창 1:27), 역할을 주셨으며(창 1:28), 직접 지으시고 생명을 주셨다(창 2:7). 그래서 우리의 체질을 아시고, 우리의 심리와 마음 속속 들이를 아신다. 심지어 우리가 인지하지 못하는 필요와 가장 적합한 교육법을 아신다.

"여호와여 주께서 나를 살펴 보셨으므로 나를 아시나이다 주께서 내가 앉고 일어섬을 아시고 멀리서도 나의 생각을 밝히 아시오며 나의 모든 길과 내가 눕는 것을 살펴 보셨으므로 나의 모든 행위를 익히 아시오니 여호와여 내 혀의 말을 알지 못하시는 것이 하나도 없으시니이다 ...... 나를 영원한 길로 인도하소서"(시 139:1~24).

이는 옛 선지자 다윗도 고백한 바다. 하나님이 우리 전부를 아신다는 사실은, 다윗에게 있어서 자기가 성숙하고 발전할 수 있도록 인도하시는 분으로서 하나님을 '신뢰'하는 근거이다(시 23:3; 139:24). 그렇기에 이상한 현상이 발생한다. 세상에서 주눅이 들고, 사람들 앞에서 좀처럼 기를 못 펴는 사람도, 하나님 앞에 서면 자신감이 생긴다. 통상 사람은 더 잘난 사람 앞에서 기가 죽는데, 이상하게도 하나님 앞에 서는 것은 늘 기쁨을 준다. 성경은 이를 그리스도가 주신 사랑의 작용이라 표현했다(요일 3:1, 4:18; 벧전 4:8).

박넝쿨로 한시적 위로를 배운 요나는 또한 자기 민족의 회복이 일시적임을 알고 있었다. 이 세상이 한시적이고 이 땅에 그 어떤 체제나 인생도 영속할 수 없다는 사실은, 이스라엘인에겐 보편적인 상식이었다. 솔로몬이 집필하여, 이스라엘인 사이에서 필독서 지위에 있는 전도서에, 우리의 한시성이 처절하리만치 적나라하게 묘사되어 있다. 솔로몬은, 사람은 영원을 사모하는 한시적인 존재라고 아주 명확하게 정의했다(전 3:11). 하나님을 직접 대면하여 만난 요나가, 당대를 대표하는 그 선지자가, 그런 사실을 모를 리 없다.

하나님이 주신 니느웨 성 어귀에서의 박넝쿨에도 크게 기뻐했던 요나는, 또한 하나님이 주신 북이스라엘의 회복이라는 두 번째 박넝쿨엔 더욱 기뻐했을 것이 분명하다.

그럼에도 첫 박넝쿨의 소멸에 괴로워하던 요나는 그를 더욱 기쁘게 한 두 번째 박넝쿨, 곧 북이스라엘의 소멸엔, 더 큰 기쁨을 잃었음에도, 오히려 견딜 수 있었을 터다.

하나님의 도우심은 어떤 상징물에 속해있지 않기 때문이다. 살아계신 하나님이란 성경의 개념은, 그리고 그런 하나님을 체험하는 경험은, 결국 우리의 시선을 전능자의 손끝으로 향하게 한다. 기적과 이적은, 그것에 경도되거나 하나님을 대신하기 위해 존재하지 않는다. 제아무리 대단한 신비라고 할지라도, 그 모든 요소는 결국 우리의 시선을 하나님으로 향하게 한다. 기적을 통해 회복하더라도 하나님을 본다. 그렇기에 하룻밤 만에 박넝쿨처럼 시들었을지라도 하나님을 본다. 왜냐하면 박넝쿨이 울창하건, 모두 메말랐건, 그 어느 때라도 하나님이 여전히 곁에 계심에, 그분이 이루실 놀라운 일을 기대하며, 주님께로 눈을 둔다. 그리고 정녕 좋은 소식은, 하나님도 우리에게 눈을 잠시도 떼지 않으신다는 사실이다.

> 내가 산을 향하여 눈을 들리라 나의 도움이 어디서 올까
> 나의 도움은 천지를 지으신 여호와에게서로다
> 여호와께서 너를 실족하지 아니하게 하시며
> 너를 지키시는 이가 졸지 아니하시리로다
> 이스라엘을 지키시는 이는 졸지도 아니하시고
> 주무시지도 아니하시리로다
> 여호와는 너를 지키시는 이시라
> 여호와께서 네 오른쪽에서 네 그늘이 되시나니
> 낮의 해가 너를 상하게 하지 아니하며

밤의 달도 너를 해치지 아니하리로다
여호와께서 너를 지켜 모든 환난을 면하게 하시며
또 네 영혼을 지키시리로다
여호와께서 너의 출입을 지금부터 영원까지 지키시리로다
- 시편 121:1~8

하나님만을 자신의 도움, 기쁨, 그리고 모든 슬픔의 근거로 삼은 선지자 요나, 예수님을 예표 하는 선지자로 성경에 영원히 기억되다.

요나뎐傳

5장 그리고 향기
우리네 삶 OUR FAITH…

요나, 의문을 주다

요나서는 그 자체로 굉장히 이질적인 책이다. 이방인, 그것도 대대로 이스라엘의 원수인 니느웨의 구원에 대한 주제를 담고 있다. 이 주제 의식을 강화하기 위해, 요나서의 편집자는 요나의 인생 중 니느웨에 대한 부분만 뚝 짤라 담아냈다. 그러다 보니 요나의 이야기는 별안간 시작된 것만 같다. 게다가 하나님과의 문답도 니느웨에 대한 것까지만 담고 요나서는 끝난다. 서론과 결론은 생략했고 오롯이 본론만 자리한 구조다. 사정이 이러니까 요나서의 중심인물을 의인화한 니느웨성으로 두고 읽어도 무방할 지경이다.

이는 사도행전을 우리 번역 그대로 사도들의 행전으로 읽을 수도 있지만, 이방인으로서 구원받은 우리 그리스도인을 중심으로 살필 수 있으며, 또 성령님의 행전(Acts)으로 이해할 수 있어서 다채로운 경험을 제공하는 것과 같다. 그를 반영이라도 하듯, 우리 성경에서 사도행전으로 번역한 책의 제목은, 원어 성경 사본에 따라, Πράξεις(프락세이스: 행동, 행적), 또는 Πράξεις των Αποστόλων(프락세이스 톤 아포스톨론: 사도들의 행적)으로 명명했다. 영어 성경에선 프락세이스를 채택하여, Acts행적들로 번역했다.

성경은 경직된 고리타분한 책이 아니다. 도리어 오늘날 읽어도 늘 놀라운 교훈과 신선한 재미를 허락한다. 성경 특유의 중의적인 서술이 주는 의문은, 실은 다루는 주제가 아주 깊고 풍성하기에 발생한 행복한 생각거리다. 물론 성경엔 변경할 수 없는 진리도 다수 담겼다. 그런 부분에 있어선 우리가 감히 해석의 여지를 발휘하지 못한다. 하지만 그 외에 다른 요소는, 우리의 현황이나 관점에 따라 새롭게 느낄 수 있도록 구성되어 있다.

그런 견지에서 요나서는 굉장히 흥미로운 책이다. 주제부터가 신약에 있어야 할 책이 구약에 자리한 듯하다. 게다가 벌어지는 사건도 의문투성이이다. 그 서사도 아주 독특하고 다채로운 무지개 같다. 어느 키워드에 방점을 찍냐에 따라서 그간 성경에 수록한 여타 책에서 느낄 수 없던 새로운 종류의 재미를 선사한다.

요나서는 오랜 세월 동안 누적된 계시와 역사로 무소부재 하신 하나님이심을 충분히 알고 있고 또 믿는 요나가, 하나님의 낯을 피하려고 다시스로 향하는 것으로 시작한다. 근데, 다시스가 무슨 별천지인가? 그도 아니다. 다시스는 가나안인들이 점거한 곳으로, 우상숭배가 만연한 땅이다. 하나님을 피하는 시도를 했다는 것부터가 이상한데, 장소도 요나에게 행복이 될 수 없는 곳이다. 그러다 폭풍우를 만난다. 배가 온통 우지끈거리는 소리를 내며 요동한다. 그런데 선지자 요나는 세상모르고 잠만 잔다.

제비뽑기는 또 어떠한가? 제비를 뽑는데 요나가 뽑힌다. 뽑혀놓고 나니까 요나가 자기를 바다에 집어 던지란다. 집어던지면 바다가 잠잠할 거라고. 이 사건도 실은 굉장히 이질적이다. 성경 어디에 사람을 바다에 던지니 잠잠해지는 경우가 발생했던가? 하지만 선원들은 요나를 하나님의 사람으로 여기곤 두려워서 감히 이행하지 못한다. 오히려 요나가 어서 던지라며, 던지지 않으면 결코 이 폭풍에서 벗어날 수 없다고 으름장을 놓는 구도가 펼쳐진다. 결국 그 말대로 요나는 바다에 던져지고, 곧 폭풍우가 그친다. 이에 저마다의 종교를 믿던 선원들도 놀라서 하나님께 나름대로 예배를 드린다.

이야기찬양듣기
선장의 노래

결국 요나는 성경에 기록한 이야기에서도 기이하기가 손꼽히는 이적을 경험한다. 커다란 물고기가 요나를 삼킨 것이다. 근데 이 물고기, 굉장히 이상하다. 상당한 이질감에 애당초 물고기는 맞나 싶다. 세상에, 요나를 삼켜놓고 소화액은 분비하지 못한다. 게다가 이상하게도 요나가 삼 일간 생존할 산소가 담겼다. 바닷물이 침습하지 않았던 것도 신기할 따름이다. 더 가관인 것은 그 안에서 요나의 반응이다. 사명을 버리고 도망했던 것에 대한 용서를 싹싹 빌며 구해도 모자랄 판에, 요나는 아주 큰 기쁨을 느끼고 하나님께 고백한다. 그 걸출한 고백은 결국 요나서 2장에 아름답게 수놓아 있다. 회개가 있어야 할 부분에 회개가 없다. 그러다 보니까 사람들은 요나서 2장의 내용을 보고도 그걸 간곡한 회개 기도로 여긴다. 그만큼 황당하기 때문일 테다.

결국 물고기는 요나를 뭍에 뱉어낸다. 어느덧 삼일 삼야 지나가 있다. 그렇게 물고기 배를 흡사 잠수함처럼 이동 수단으로 사용한 요나는, 죽다 살았어도 그대로 요나다. 막상 사명의 장소인 니느웨에 도착하자 2장의 감동적인 고백이 무색하게도, 다시 투덜투덜 불평불만에 가득 차 있다. 분명 성경에선 하나님을 원망하면 죽는다고 했는데, 요나는 멀쩡하다. 멀쩡할 뿐만 아니라, 하나님은 그를 부드럽게 대하면서 품으신다. 참으로 이상하다.

아주 괴상한 정도를 넘어서, 요나서는 더욱 이해하기 어려운 상황을 담는다. 니느웨의 거주민들은 이 정체도 알 수 없는 히브리인의 말을 믿는다. 곧바로 금식을 선언하고 회개한다. 그러자 바로 40일 뒤에 도성이 멸망할 것이라 선포한 요나가, 단 하루 만에 그 일을 그친다. 그리곤 그 성이 어떻게 되는지 보겠다며 성문 밖으로 나가 초막을 짓는다. 이때 이미 요나는 하나님께 잔뜩 성을 내면서, 차라리 죽여달라 구했다. 하나님은 다만 그에게 그 화가 정당한지만 물어보셨다.

이야기찬양듣기
니느웨가 40일

요나는 버르장머리 없이 대답조차 하지 않았다. 그럴지라도 하나님은 요나가 지은 초막의 엉성함을 불쌍히 여기신다. 박넝쿨을 자라게 하셔서 보강해 주신다. 그러자 아까까지 죽음을 이야기하면서 분노하던 요나가 크게 기뻐한다. 얼마나 기뻐했는지 거의 하나님의 임재를 경험한 자들이나 느꼈을 수준의 기쁨을 느꼈다. 그러다 아마 잠들었나 보다. 하룻밤이 지난다.

이제 초막을 걷고 떠나야 할 때가 되었다. 하나님은 박넝쿨을 거두신다. 근데 요나는 박넝쿨이 없어진 것을 보고 크게 분노한다. 감히 하나님께 노를 발하는 것도 문젠데, 화내는 이유가 좀 이상하다. 하나님은 요나가 지은 초막은 털끝 하나 건들지 않으셨다. 다만 하나님이 자라게 하신 박넝쿨만 치우셨다. 근데 요나가 화낸다. 읽는 우리 처지에서도 도대체 "뭐지?" 싶다.

다 큰 성인이, 약정한 40일이 될 때까지 하릴없이 성 앞 길바닥에 널브러져 있을 순 없을 것이다. 40일 치 식량이나 물이 있는 것도 아닐 것이다. 근데 요나는 마치 그 자리에 평생을 지낼 것처럼 행동한다. 심지어 그런 분노가 정당하냐는 하나님의 질문에 자기 자신의 화는 정당하기가 죽기까지 정당하다 억지를 부린다.

그럼에도 하나님은 그것에 반박하거나 혼내지 않으신다. 오히려 인정해 주신다. 그리고 그 일을 하나님의 마음을 이해할 수 있는 소재로 삼도록 도우신다. 이 일련의 과정을 거치고 나니까, 요나는 예수님의 십자가를 직접적으로 예표 하는 선지자 초유의 영예를 얻는다.

이 책에서 내내 요나의 행적을 자세히 다루고 있지만 어딘지 여전히 이상하지 않은가? 요나서는 그 분량이 적음에도 불구하고 우리에게 많은 생각할 거리를 준다. 요나서의 원저자이신 하나님은, 의도적으로 읽는 이에게 의문을 남기려고 구성하신 것만 같다. 그런데 요나서는 단순히 이상한 이야기가 아니다. 그 이상스러운 서사를 가만히 들여다보면 꽤 굵직굵직한 신앙의 요소가 담겼다.

일단 원망이란 주제가 도드라진다. 신구약 모두에서 원망은 멸망하게 만드는 어리석음으로 여긴다(고전 10:10). 요나는 시종 원망만 하는 것 같다. 마치 인터넷 검색엔진에 '원망의 선지자'라고 검색하면 요나가 연관검색어로 나올 것 같은 기분도 든다. 그런데 요나는 왜 멸망하지 않았는가? 죽지 않았을 뿐만 아니라, 영예까지 얻었는가?

게다가 구원, 사역, 사명과 같은 신앙적으로 중요한 주제에 대해도 고민하게 한다. 요나서는 당대 종교인들의 예상과는 다르게 이뤄진, 하나님의 구원 방식으로 인해 촉발된 서사다.

또한, 소명에서 도망이라는 선지자 초유의 선택을 하는 요나를 볼 수 있다. 그러다가 요나는 하나님이 보내신 물고기의 조력으로 자기 사명의 자리로 돌아가 결국 사역을 감당한 이야기이기도 하다. 그 과정에서 비린내만 풍기는 '불량' 사역자로 보이던, 요나의 몸에서 풍기던 냄새는, 실은 유효한 회심을 낳는, **그리스도의 향기**였음을 발견하게 한다.

그래서 이번 장에서 우린 요나서가 우리에게 남긴 생각할 거리인 **원망, 구원, 사역, 사명**에 대해서 살펴보고자 한다.

그 괴상해 보이는 이야기를 상고한 끝에 풍길 우리의 향기를 기대하면서.

원망

요나의 이야기를 살피면 이미 3장에서 언급한 대로 하나님을 원망하는 자는 살고, 사람을 원망하는 자는 망하는 성경의 역설이 드러난다. 요나는 불평, 불만, 원망을 넘어서 하나님께 대드는 것만 같다. 그럼에도 하나님은 요나에게 은혜를 베푸셔서 걸출한 선지자에 걸맞은 위업을 남기게 하셨다. 도대체 어째서 그러셨을까?

성경은 '원망'을 피해야 할 어리석은 행위로 묘사한다. 우린 원망하지 않는 경지를 목표로 두고 우리 신앙을 키워나가야 하며, 구원의 서정에 임해야 한다. 하지만 그 도중엔? '도중'이란 단어는 큰 의미를 지닌다. 우리는 성경이 권장하는 경지에 도달한 사람들이 아니다. 그리스도인은 예수님을 닮아가는 **과정**에 있다. 예수님을 직접 보고 대했던 제자들조차, 그 과정에선 때때로 넘어지고 예수님을 버리고 도망하기도 했다.

그런 불미스러운 과정 없이, 우리가 완전한 성화에 도달한 상태로 신앙생활을 할 수 있다면 참 좋겠다. 모든 감정을 극복하고 어려움을 넘어서서 당당하게 하나님의 사람이라 소개할 수 있는 때가 오면 좋겠다. 그것을 통해서 하나님께서 영광을 받으신다면, 자유의지, 내 성격, 내 개성 같은 건 거주장스럽게 느껴진다. 차라리 그런 것들조차 없으면 좋겠다. 행복 같은 걸 느끼지 않아도 좋으니, 그 어떤 감각도, 어떠한 감정도, 또 하나님 이외의 생각은 없으면 한다. 문제는 우린 그렇지 못하단 것이다. 게다가 하나님은 우리가 그런 텅 빈, 마치 기계 같은 "성인"Saint이 되는 걸 원치 않으신다.

더 근원적으로 하나님은, 우리가 아직 연약할 때부터 사랑하신다. 그리고 그 연약한 우리가 아장아장 구원의 서정을 걸어가는 모습을 좋아하신다. 때론 넘어지고 때론 헤매더라도 우리의 방식으로 우리의 길을 개척하는 것을 즐겁게 도우신다. 하나님은 **내가** 구원의 서정을 완주하는 모습을 보고 싶으시지, 내가 나 아닌 다른 존재가 되어 결승선을 통과하는 모습을 보고 싶으신 것이 아니다. 하나님은 우리를 참으로 사랑하시는 아버지이기 때문이다.

하지만 그럴지라도 원망의 문제는 상당히 심각하다. 결코 원망은 손쉽게 생각하거나 가볍게 여길 개념이 아니다. 성경은, 원망은 곧 멸망과 죽음의 선봉이라고 반복적으로 경고하며 주의할 것을 당부한다.

"그들 가운데 어떤 사람들이 원망하다가 멸망시키는 자에게 멸망하였나니 너희는 그들과 같이 원망하지 말라"(고전 10:10).

고린도전서 10장은 그리스도의 십자가를 통해서 하나님의 자녀 된 자들이 살아야 할 신앙의 모습을 담고 있다. 집필자 바울은 이를 설명할 예시로 출애굽 한 이스라엘 백성을 선정했다. 이는 모세가 그리스도를 예표 하는 선지자라는 점과, 우리가 누리는 구원의 서정이 광야에서의 생활과 유사함에 기인한다(1~4절).

바울은 모세오경에 기록한 많은 사례 중, 멸망한 일부 이스라엘 백성의 사례를 반면교사로 삼아 교훈을 얻자고 권면한다(5~6절). 그들이 실패한 대표적 이유는 우상숭배, 음행, 시험, 원망이다(5~10절).

바울의 이런 권면은 교회사에서 늘 비중 있게 다뤄졌다. 그중에서도 원망을 담은 10절에 방점이 찍히곤 한다. 왜냐하면 우상숭배, 음행, 시험은 명백히 눈에 보이는 행위이며 통상 '거악'으로 여겨지는 것들이다. 그래서 굳이 강조하지 않아도 모두가 그것이 잘못된 것임을 안다고 여기는 까닭일 테다.

하나 원망은 좀 더 근본적인 인간의 활동이다. 다시 말해 우리의 일상과 가깝다. 자 이제 우리는 원망해선 안 됨을 안다. 그런데 어떻게 실천해야 할까? 아니 애당초 원망이란 게 뭘까?

그래서 원망이 무엇인지 성경을 통해서 찾노라면 굉장히 마음이 복잡해진다. 왜냐하면, 우리말 성경 기준으로, 원망이 매우 포괄적으로 쓰였기 때문이다. 그래서 사전까지 찾아본다.

원망怨望 - 못마땅하게 여기어 탓하거나 불평을 품고 미워함.
　유의어 감정, 불평, 원

표준국어대사전에 따르면, 모범적이지 않은 감정을 뜻한다. 불만을 품거나 만족하지 못하는 태도이다. 그래, 이렇게 보니까 원망은 **마음**과 **생각**, 그리고 **감정**의 문제다. 즉, 이런 견지에서 원망은 주어진 환경에서 든 어떤 생각과 형성된 감정 그 '자체'이다.

만약 성경의 원망이 생각과 감정을 의미한다면, 이를 실천하기 위해선, 하나님께 억한 심정이 있어도 숨겨야 한다. 필사적으로 모든 일에 감사하며, 일말의 불만도 느껴선 안 된다는 식이다. 사정이 이렇다면 "원망하지 말라"라는 말씀을 지키기 위해선 감정을 도려내야 한다. 자그마한 의문을 가져서도 안 된다. 그렇다면 우리가 추구해야 할 경지, 그 목표는 감정과 생각을 모두 초월한 초인이다.

그런데 성경엔, '**원망의 역설**'이 다수 담겼다. 하나님께 감정과 생각을 숨기지 않고 그대로의 불만을 제기했던 모세, 엘리아, 욥, 요나 등의 사례를 보면, 고린도전서 10장 10절의 말씀이 뭔가 이상하다. 그들은 분명히 원망을 품었다. 그런데 어째서 그들이 멸망하지 않고 생존했는가? 더 나아가 복을 받고 그 원망의 원인을 해소 받았는가? 심지어 하나님은 그들을 선지자로, 굴지의 의인으로, 그리스도를 예표 할 상징으로 높이셨는가?

이런 기이해 보이는 역설은, 실은 우리가 인식한 '원망'과 실제 성경이 말하는 '원망'은 같은 단어로 묶기 어려운 수준으로 다르다는 점에 기인한다.

룬(לון)	유숙하다, 밤을 보내다, 거주하다, 불분명한 작은 소리로 웅얼거리다, 불만을 제기하다
텔룬놋(תלונות)	낮고 불분명한 수군거림
라간(רגן)	작은 소리로 웅얼거리다
자아프(זעף)	화를 내다, 슬퍼하다, 진노하다
티플라(תפלה)	우매함, 경솔함, 꼴사나움
쉬아흐(שיח)	읊조림, 묵상, 불평, 상고, 아룀

<우리 성경이 원망으로 번역한 구약의 단어들>

우리 번역 성경에서 우리말 원망을 만능열쇠같이 다용도로 활용하여, 다양한 히브리어 단어를 모두 원망으로 번역했다. 특별히 고린도전서에서 언급한, 이스라엘 백성들이 멸망하게 된 원망을 지칭하는 단어는, **룬**과 **텔룬놋**으로, **행위**를 나타내는 **동사**다. 또 유의어인 **라간**도 그런 행위를 뜻한다. 애초에 텐트에서 잠을 자는 것을 뜻하는 단어에서 파생

하여, 당사자와 문제를 해결하지 않고, 거처로 돌아가 자기들끼리 수군거리는 모습이 연상된다. 그리스어로 쓰인 고린도전서 10:10의 원망 또한 수군거리는 **행위**인 **공구조**γογγύζω라는 단어이다.

성경이 말하는 원망은 어떤 감정과 생각이 들었을 때, 우리가 **선택**하여 실행하는 **행위**다. 즉, 무엇을 생각하고 무엇을 느끼느냐가 아닌, **무엇을 하느냐**에 방점이 찍혀있다.

성경은 우리의 감정을 초월하여 모든 생각을 없이할 수 있는 존재로 여기지 않는다. 애초에 우리의 감정을 조성하고 우리가 다양한 생각을 할 수 있는 지적존재로 지으신 것은 하나님이다. 그런 하나님의 말씀이 인간의 기본 요소를 없이 하려고 한다는 것은 어딘가 이상한 해석이 된다.

따라서 성경이 진정 말하는 바를 풀어서 쓰면 이렇다.

"너희는 살면서 다양한 생각과 감정이 들 수 있다. 그런 와중에는 하나님에 대한 배은망덕한 불만이나 불평이 있을 수 있다. 그럴 때라도 너희는 숨어서 **웅얼거리지**(원망) 말라. 모세처럼, 요나처럼, 욥처럼, 그 외 많은 선지자처럼 하나님을 의뢰하고 하나님께 **아뢰라**."

하지만 이런 말씀을 우린, "어떤 상황에서도 불평불만을 가지지 않는

로봇이 되어라."로 이해해 왔다. 그러다 보니 오히려 하나님이 야속하다. 그러다 보니 자신의 감정조차 그대로 인정하지 못한 그리스도인이 나와버린다. 당연히도 이런 오해는 이중적인 삶을 만들도록 이끈다. 겉과 속이 다르도록 몰고 간다.

그러면 이제 우린 답할 수 있다. 요나서에서 요나는 하나님을 원망했는가? 우리말의 기준에선 '그렇다.' 하지만 하나님이 우리를 보시는 기준인, 성경의 기준에선 **'그렇지 않다'**.

오히려 요나는 격동하여 휘몰아치는 감정과 슬픔, 그리고 의문 틈새에서도 오직 하나님만을 창구로 여기고 자신의 모든 것을 내어 보였다. 아니, 성경에 표현대로 하나님 앞에 자신의 마음에 담긴 것을 그대로 부어드렸다(pour out his heart before God).

> 백성들아 시시로 저를 의지하고 그 앞에 마음을 토하라
> 하나님은 우리의 피난처시로다(셀라)
> Trust in him at all times; ye people,
> pour out your heart(마음 안에 있는 것을 붓다) before him:
> God is a refuge for us. Selah. (NIV)
> -시편 62:8

하나님 앞에 모조리 부어드려야 산다.

구원

　구원은 누구에게 임하는가? 이는 구원이 모든 사람에게 임하는 것이 아니라는 사실을 내포한 질문이다. 실상이 그러하다. 구원이 누구에게나 임한다면, 구원의 문제를 성찰할 필요가 없다. 모두에게 임하지 않기에 우린 고민한다. 이에 대한 진지한 고찰이 없이는 구원의 의미도, 구원의 기능도 알 수 없다.

　왜 구원은 일부에게만 임할까? 이를 성경에 기록한 하나님의 속성에 근거하여 설명하기도 한다. 하나님은 사랑의 하나님이라서 우릴 구원하시지만, 그와 동시에 공의의 하나님이라서 모든 인간 '전부'를 구원하지는 않으신다. 그렇다면 누가 구원받는가? 우린 흔히 말하기를 그리스도를 주로 시인한 자에게 구원이 임한다고 한다. 하지만 그것은 구원의 선결 조건이 아니라, 실상 구원을 받았단 증거다(고전 12:3). 진정 문제는 우리가 뭔가 기준을 정해놓고 제아무리 한 사람을 철저히 분석한다고 해서 그가 구원 받을만한 자인지 결코 알아낼 수 없단 점에 있다. 일찍이 바울도 이 지점에 멈춰서서 고민하다가 결국 모세의 기록과 이사야서에서 실마리를 찾았다(롬 9장).

"이스라엘이여 네 백성이 바다의 모래 같을찌라도 남은 자만 돌아오리니 넘치는 공의로 훼멸이 작정되었음이라"(사 10:22).

특히 출애굽기 말씀은 우리가 누리는 은혜와 구원을 설명할 가장 효과적인 문장이다. 우리가 누리는 모든 혜택의 정체는, 하나님이 우릴, 은혜 줄 자로, 긍휼히 여길 자로 **판정**하셨기 때문이다. 그런데, 바울이 창세기까지 거슬러 올라가서 하나님께 택함을 입은 아브라함-이삭-야곱 삼대를 연구해 보고 나니깐, 그저 이는 하나님의 절대 주권으로 선택하신 결과일 따름이지, 인간이 결코 그 이유를 알 수 없다는 점을 확인했을 뿐이다. 특히 야곱과 에서의 사이에서 보이신 하나님의 선택은, 그들이 아직 태어나기 전, 아무 조건도 갖추기 전에 발생했기에 더욱 도드라진다. 그리고 구원은 오직 하나님의 주권에 달렸다는 결론을 위한 근거 구절로 출애굽기를 인용한다.

"나는 은혜 줄 자에게 은혜를 주고 긍휼히 여길 자에게 긍휼을 베푸느니라"(출 33:19b).

그렇다면 이런 성경적 사실이 우리 삶에 어떻게 적용될까? 실은 우리가 논한 건 결국 모든 삶이 끝나고 나서야 명확해지는 결말에 관한 것이다. 과정을 살아가는 우리는 아직 결말에 머물 수 없다. 그렇기에 구원에 명확한 '인간적' 이유가 존재하지 않는다는 진리는 우리를 그저 손 놓고 있게 만들지 않는다. 어떤 필연적인 운명론으로 우릴 초대하지도 않는다.

경건한 전도자로서, 사역자로서, 사람으로서, 전도 대상자들을 바라보는 마땅한 태도는 명확하다. 우리는 우리의 사역 대상 전부가 구원받기를 믿고 소망하며 복음을 전한다. 복음을 전할 뿐만 아니라, 형편이 되는대로 그들을 돕고, 사귀고 또 함께한다(행 20:35).

하지만 이런 태도의 역할은 무엇인가? 우리가 좀 더 잘하면, 우리가 좀 더 친절하면, 우리가 좀 더 자기희생을 하면, 사역 대상자가 구원받는가? 아니 그 확률이 오르기라도 한단 말인가? 그렇지 않다. 만약 그랬다면 전도자들은 서명이나 동의서를 받으러 다니는 홍보요원에 가까웠을 터다. 전도 대상자를 잘 어르고 달래서, 또 필요하다면 선물까지 줘가며, 주님을 믿는다는 동의를 하도록 유도하는 역할이었을 것이다.

그렇지 않다는 것을 요나서가 밝힌다. 요나서에서의 요나는 전혀 그런 좋은 태도가 없었다. 오히려 그는 시종일관 화내고 뚱해 있다. 그럼에도 12만여 명이 거주하고, 오가는 자들까지 하면 더욱 많은 인파가 있었을 니느웨를 극적으로 회심하게 했다.

요나서를 전통적으로 선교의 앞선 모형이라 여겼다. 좀 더 의미를 확장한다면, 지상대사명의 모형이라 해도 부족함이 없다. 그렇다면, 그 지상대사명에서 구원의 주체가 누구인지도 명확히 증거하는 예다. 그리고 요나서 전체는 주저 없이 외친다. 구원의 저자Author of Salvation는 철저하게 하나님이시라고.

그렇다면 우리의 역할은 무엇인가? 우리란 존재가 하나님이 행하시는 그 구원에 왜 있어야 하는가? 요나는 왜 필요했는가? 오히려 요나는 니느웨가 하나님을 믿는 것에 있어서 방해 요소인 것처럼도 보인다.

성경이 말하는 이유는 단 하나다. 하나님은 우리를 소재로 구원하심을 즐거워하신다. 우리를 들어 쓰시는 것을 행복으로 여기신다. 당신의 뜻을 이루기 위해서 우리가 전혀 필요 없는 분이, 그 뜻을 이루는 방편으로 우리를 쓰길 원하신다. 그런 하나님으로 인해서, 무능한 우리가, 마치 구원을 몰고 다니는 축복의 통로와 같아진다. 이상하게 우리가 가는 곳마다 구원이 있고 복이 있다. 하나님이 반드시 그렇게 하신다. 그분이 원하시기에.

> "우리는 그의 만드신 바라 그리스도 예수 안에서 선한 일을 위하여 지으심을 받은 자니 이 일은 하나님이 전에 예비하사 우리로 그 가운데서 행하게 하려 하심이니라"(엡 2:10).

요나의 경우만 보아도 그렇다. 요나는 자기 자신은 구원이 임한 니느웨의 밖, 그러니까 구원 밖에서 구경하는 존재라고 생각해 심각한 박탈감을 느꼈다. 하지만 정작 하나님의 기준에선 요나는 구원 안에 있다. 아니 안에 있을 뿐만 아니라, 요나가 손대는 것마다, 요나가 지나간 자리마다, 구원이 회리바람처럼 임한다. 니느웨뿐만 아니다. 실은 요나가 도망하는 중에도, 구원은 요나를 따라왔다. 우연히 요나를 만나 폭풍우를 경험한 다시스행 배의 선원들은 결국 여호와 하나님을 발견하고 예배한다. 그저 요나는 그 사실을 자각하지 못했을 뿐이다. 이는 신명기에 기록한, '모세의 복'의 신약 버전인 것만 같다. 그저 복이란 단어를 구원으로 이해하면 그것이 요나의 일생이었다.

> "네가 네 하나님 여호와의 말씀을 순종하면 이 모든 복이 네게 임하며 네게 미치리니 성읍에서도 복을 받고 들에서도 복을 받을 것이며 네 몸의 소생과 네 토지의 소산과 네 짐승의 새끼와 우양의 새끼가 복을 받을 것이며 네 광주리와 떡반죽 그릇이 복을 받을 것이며 네가 들어와도 복을 받고 나가도 복을 받을 것이니라"(신 28:2~6).

우리도 다르지 않다. 하나님은 우리를 통해서 놀라운 일을 이루신다. 하나님에게 우리가 필요해서가 아니라, 우리를 원하셔서 우리를 통해 이루신다. 우리가 유능해서가 아니라, 다만 우리를 사랑하셔서 우리를 통해 온갖 선한 일을 이루신다. 그래서 이 세상에서 우리를 빛과 소금처럼 꼭 필요한 존재로 만들어 가신다.

그렇기에 우리는 우리의 부족함에도 그저 하나님이 보내신 곳에 간다. 그곳을 우린 사명의 장소라고 한다. 그래서 열심으로 사역을 감당한다. 그것만으로도 구원의 저자이신 하나님이, 우리를 활용하셔서 역사하신다. 이런 우리 존재만으로도 구원이 임하는 기적을, 성경은 냄새로 풀었다.

그래, 이는 그리스도를 닮은 우리가 내뿜는 **그리스도의 향기**다. 그렇기에 우린 냄새로 뭇사람을 하나님께로 이끈다. 우리의 사역은 결코 누군가를 구원이나 교회로 꼬드기기 위해서 속삭이는 마케팅적 언행에 의지하지 않는다. 사랑과 공의의 하나님을 믿고 또 동행하는 우리는, 그분의 자녀 된 우리는, 그분의 사랑을 점차로 닮아간다. 마찬가지로 우리의 태도가, 우리의 표정이, 그리고 우리의 냄새가 점점 주님의 것들과 같아져 간다.

"우리는 구원 얻는 자들에게나 망하는 자들에게나 하나님 앞에서 그리스도의 향기니"(고후 2:15).

사역

우리가 그리스도의 향기임을 알았다. 구원이 나를 통해서 샘솟을 수 있다는 것도 알았다. 그 권능을, 하나님께서 주신 은사를 활용하고 싶다. 그럼, 이제 우린 사역에 대해서 고민한다. 어떻게 하면 그리스도의 향기를 더 발할 수 있을까?

우선은 우리 고유의 체취를 없애는 것이 좋지 않을까? 그렇다면 효과적인 사역을 위해서 우리의 의지나 개성이 망가져야 하는 것인가? 근데 그렇지 않다. 사실 우리가 기억하는 위대한 사역자와 선지자의 면면을 살펴보면, 그들은 여전히 그들이었다. 하나님과 대면하여 마주한 인물들도 마찬가지다. 야곱, 욥, 그리고 요나, 그들은 하나님을 대면하고도 여전히 야곱다움과 욥다움, 그리고 요나다움을 잃지 않았다. 오히려 하나님은 그들을 더욱 그들 되도록 하셨다. 하나님은 우리 삶에 오셔서 우리의 것을 모조리 부정하시는 것이 아니라, 더욱 살만한 삶이 되도록 도우신다. 그 결과 더욱 내가 나 되도록 인도하신다.

물론 사울이 극적으로 회심하여 삶의 모습이 완전히 바뀌고, 바울이란 로마식 이름을 사용하며 선교에 앞장선 일도 있었다. 하지만 그렇다고 해서 바울이란 사내의 고유한 성품마저 소멸하지 않았다. 회심 전 바울이나, 사도 된 바울이나, 아주 열정이 넘치고 학적으로 뛰어난 인재였다. 오랜 사역을 했지만, 그 말년에도 열정을 못 이기고 말실수를 저지르기도 하는 인간적인 매력도 풍성한 자였다(행 23:3).

예수님의 열두 제자도 다채로운 개성을 가졌다. 비록 늘 예수님과 동행했어도 제자들은 모두 똑같은 사도가 되지 않았다. 그들의 특색은 사도 직분을 수행할 때도 고스란히 남아 다채로운 사역을 감당할 수 있었다. 예를 들면, 베드로의 투박하면서도 진솔한 서신과, 요한의 감성과 이성을 아우르는 섬세한 서신은, 저마다의 탁월함으로 복음에 대한 지평을 넓혀준다.

이처럼 요나서에서도 요나는 도입부에도 요나, 결말에서도 그대로 요나였다. 변하는 것은 사람 그 자체가 아니라 성숙도였다. 하나님이 바라시는 건 요나보다 더 나은 어떤 존재가 아니라, 그저 요나였다. 하나님은 그의 삶에 오셔서, 그가 성숙할 수 있도록 동행하고 도우면서 참을성 있게 대하신다.

하나님은 요나가 다른 사람이 되길 원치 않으셨다. 하나님은 요나를 사용해서 니느웨도 회복하고 북이스라엘도 회복하고 싶으셨다. 또 바로 그 요나, 때로는 울적해하고, 때로는 투정 부리고, 때로는 하나님께 화까지 내는 망나니 같은 요나, 그 요나라도 사랑하시고 그 요나가 성숙에 이르러 결국 모든 사명을 감당하길 바라셨다.

그리고 넉넉히 감당하도록 도우셨다. 때로는 슈퍼 물고기를 보내기도 하시고, 때로는 빠르게 자라는 박넝쿨도 주셨다. 그리고 하나님은 결국, 요나를 예수님의 죽음과 부활을 예표 하는 아주 중요한 선지자로 벼려내셨다.

이처럼 우리도 부족하다. 그럼에도 하나님은 우리를 내다 버리지도 않으시고, 내버려 두지도 않으신다. 내가 나를 포기해도, 내가 나의 생명을 포기해도, 하나님은 포기하지 않으신다(욘 4:3).

때론 나보다 더 뛰어난 초인을 사명의 자리에 두셨으면 한다. 때론 나처럼 부족한 존재가 아닌 더 나은 존재로 우리 가족을 돌보게 하시면 좋겠다. 내 자녀도, 내 사역 대상자도, 차라리 더 대단한 인물이 곁에 있었으면 한다.

내 짐이 무거워서 다 내려놓고 싶다. 당혹감마저 든다. 왜 나 같은 존재를 원하시는지, 도무지 이해가 안 간다. 그런데 하나님은 말씀하신다.

"나는 꼭 너를 통해서 이루고 싶단다."

이 고민은 십자가 이후 삶을 살아가는 모든 그리스도인도 마찬가지다. 제자들이 느꼈을 당혹감도 전혀 다르지 않다. 하나님은, 예수님을 버려서까지도 나를 살리시고 또 고르시고 자녀 삼으셨다(마 27:46; 막 15:34).

이상하다. 그 대상이 아니면 날 사랑해 주지 않기에 우린 마지못해 그 곁에 머물기도 한다. 나에게 허락된 일상이 이것뿐이기에 그냥 참고 살아간다.

하지만 하나님은 그렇지 않다. 언제나 하나님은 가장 좋으신 것을 고르실 수 있다. 언제나 우리 정도는 말끔히 버리실 수 있다. 그런데도…. 굳이 궂은 나를 고르신다.

그런 주님을 신뢰하며 막상 사역을 감당하며 걸으니 역시 이리 비틀 저리 비틀거린다. 실수투성이 같다. 성취도 볼품없어서 마음 뿌리부터 초라하다.

그래도 역시 하나님은 나를 통해서 이루신다고 하신다. 그간 주님께 실망만 시켜 드린 거 같은데도 그분의 말씀은 나를 부르신 첫날 주신, 그것에서 한 글자도 변한 게 없다.

하나님은 우리가 아직 자격 없고 미흡한 중에도 자녀로 부르셨다. 그리고 우리는 많은 은혜와 기적을 경험한다. 그런데 때로 돌아보면 하나도 성장하지 않은 것 같고 날 것 그대로인 것만 같다. 그러니 요나서가 가만히 다가와 위로가 된다. 십자가 죽음과 부활을 예표 하는 요나의 기적, 물고기 배 속에 들어갔던 요나, 그가 그곳에서 나왔을 때 역시 요나다.

그럼에도 우린, 하나님 앞에 나아갈 때 완전한 모습이 되고 싶다. 이는 기본적으로 내 연인 앞에서 최상의 모습을 보이고 싶어서 때 빼고 광내는 것과 같다. 부족한 모습이나 초라한 모습을 좀처럼 보이고 싶지 않다. 하지만 애석하다. 하나님은 모든 것을 보신다는 점이, 이러한 상황에선 애석하다. 모든 것을 아시고 내 속속들이 알아주는 분이란 점이 희망이지만, 유독 이런 순간엔 약점으로 작용한다.

요나가 배 깊은 화물칸에 숨어들어 갔을 때도 하나님은 요나를 보고 계셨다. 요나가 심지어 물 깊은 곳, 그 심연에 자리하여, 물고기 배 속을 스올(무덤, 죽음)로 여겼을지라도, 하나님은 듣고 계셨다. 요나가 다시스라는 땅끝으로 향한다고 하더라도 하나님은 되돌려 놓으신다(시 139:7~10).

하나님의 도우심과 은혜를 바라는 자들에게 있어선, 이렇게 늘 함께 하시며 도우시는 하나님의 관심은 희망이다. 하지만 하나님의 낯을 피하려는 자, 하나님에게 약점을 보이고 싶지 않은 자에게 있어선 비보이다. 왜냐하면, 그런 바람은 결코 이뤄질 수 없기 때문이다. 하나님의 눈동자를 피해서 어디를 갈 수 있을까?

성경에서 비논리적이지만 반복적으로 등장하는 부분은, 잘못을 저지르고 하나님을 피하는 것이다. 우리가 부족한 것 같을 때 주눅 들어 숨어드는 것이다. 때론 사역도 포기하고 도망한다. 그런데 그리스도가 말씀하셨던, 아이와 같은 믿음은 무엇일까? 무언가 잘못 되어갈 때, 감당하기 어려운 실수를 저질렀을 때, 우리가 찾아야 할 대상이 누구인가? 하나님. 그분 한 분 밖에는 없다. 오직 그분만이 우리의 미천함에도 개의치 않으시고 실망치 않으신다. 우리를 결코 버리지 않으신다.

묘하다. 오랜 세월 하나님 한 분만을 섬기는 그리스도교는 다신론이 대세이던 풍토에서 '별종'으로 여겨졌다. 게다가 그 하나님은 절대권력을 가지셨다. 성경이 묘사하는 하나님과 사람의 격차는 여타 종교와 비교할 수 없을 만큼 크다. 하나 참으로 이상하게도, 성경이 묘사하는 하나님과 또 그분을 믿는 신앙은 결코 권위주의적이지 않다. 모든 권위를 독점적으로 쥐신 절대자임에도 말이다.

우리 신앙의 독특한 면은 하나님과의 관계란 주제를 묵상할 때 아주 명백하게 드러난다. 우린 하나님과 대면할 수 있고, 또 논쟁할 수 있으며, 심지어 씨름할 수 있다. 그분은 때때로 우리의 의문과 응어리에 대한 대답으로 무형의 재판정에 기어이 서기도 하신다. 더러는 그분과 함께 거닐었으며, 몇몇은 그분이 주신 것을 먹었고 또 마셨다. 때론 그분을 만지기도 했고 그분의 터치에 회복되기도 했다. 그뿐일까? 채찍을 들어 그분을 때리고 모든 것을 빼앗기 위해 그분의 팔다리를 성난 못으로 고정했다. 그의 살갗을 헤집어 놓는 창으로 찔러 넣기도 한다. 이처럼 성경에 따르면 주님은 우리와 한량없이 가까우시다. 우리 성난 손길로 그분의 물과 피를 모두 쏟아지게 할 수 있을 만큼 가까우시다.

우리 주님이 우리와 너무나 가까우셔서 도무지 피할 수 없다는 점은 이제 사역을 감당하는 자들에게 아주 커다란 소망이 된다. 코를 찌르는 비린내로 범벅된 우리 몸에서도 어느덧 구원의 향기가 난다. 그리스도의 향기가 뿜어져 나온다. 그건 우리가 어떤 고고한 영적 은사를 받았거나, 대단한 신학적 이해를 갖췄기 때문이 아니다. 그저 하나님이 우리를 매순간 눈동자처럼 지키시기 때문이다. 그분이 늘 우리와 가깝게 동행하신다. 그리고 우리의 그 어떤 악취라도, 우리의 그 어떤 연약함이라도, 감히 함께하시는 하나님의 향기를 가릴 수 없다.

그렇기에 성경이 묘사하는 창조주 하나님과 피조물인 인간의 격차를 고려한다면, 복음은, 실상 '사랑', '은혜'만으론 해석하기 심히 곤란한 아주 이상한 이야기다. 비단 복음이 발생한 십자가만이 비이성적인 것이 아니라, 그것을 전하는 사역도 마찬가지다.

신약의 시대에도 가난하고 무지한 자들은 그리스도를 믿는 것에 저항감이 적었지만, 율법에 해박한 당대 식자들은 예수님을 믿기 위해서 포기해야 할 것이 더 많았다. 그만큼 우리 복음은 아는 게 많을수록 믿기 어려운 이야기다. 가령 바울만 하더라도 자기의 모든 학문적 성취는 그리스도를 믿기 위해서 모두 배설물로 여겼다고 소회를 밝힌다(빌 3:8). 물론 모든 것을 배설물로 여겼기에 구원받은 것이 아니다. 바울도 구원받았기에 배설물로 여기고 버릴 수 있었다. 그런 바울조차 그 고귀한 십자가를, 모든 것을 버리고 좇은 십자가를 '미련'하다 불렀다. 그만큼 하나님의 압도적 은혜와 사랑은 인간의 이치를 넘어섰다. 감히 형용할 언어나 논리 체계는 존재치 않는다. 그렇기에 나의 체계와 지식을 '배설물'로 여기는 것은, 실상 '무장해제'이다.

복음은 우리 논리와 언어로 분석하고 분해할 것이 아니다. 성령의 도우심에 따라 믿고, 아멘하고 '먹는 것'이다. 그것이 고스란히 나의 내면에 녹아들어 소화되게 하는 것은 오로지 성령님이시다. 그리고 그렇게 복음을 '포식'하기 위해선, 우선 우리의 것들을 비워내야 한다. 하나님의 것과 우리의 것을 겸하여 섭취할 순 없다. 그런 견지에서 바울이 배설물로 표현한 것은 매우 적절하다. 뱃속이 가득 차 있으면, 산해진미인들 먹을 수 있을까? 사람의 음식도 그러하겠거늘, 하물며 하나님의 한량없이 커다란 사랑이 담긴 복음이랴?

그렇다면 나에게 있는 무수한 단점, 악취, 그리고 때론 우리가 우리

본연의 모습이라고 착각하고 있는 불순물도 사라질 날이 올 것이다. 바울이 자기의 것을 배설물로 여기고 완전히 게워 낸 것처럼, 완전히 버릴 수 있는 날이 올 것이다.

하지만 그것들은 어느 시점, 무슨 외과수술처럼 칼로 도려내듯 단번에 사라지지 않는다. 오히려 점진적으로 우릴 떠나간다. 그저 부족한 중에도 하나님과 동행하며, 사역을 묵묵히 감당해 나가면, 점차로 우리 내면에 자리한 불순물들이 빠져나간다. 그리고 마치 욕탕에 몸을 오래 담그면, 삼투압 작용으로 손가락에 욕탕 물이 흡수되어 부풀어 오르는 것처럼, 주의 은혜에 폭 담긴 우리에 내면에도 그리스도 향기가 침습 해온다. 그렇게 우린 매 순간 주님과 닮아간다.

그래서 '도중'을 지나는 중에도 우린 희망을 품는다. 우리에게 하나님께 버림받아야 할 이유가 만 가지가 있더라도, 하나님이 우리를 긍휼히 여기실 단 한 가지 이유되신 그리스도를 기대하며 진심으로 회개한다. 우리도 때론 요나처럼 도망하고 싶고, 사역을 감당하고 싶지 않지만, 그럼에도 주를 신뢰하며 한 걸음씩 나아간다. 우리는 모두 그분이 친히 택하신 사역자니까.

"너희가 나를 택한 것이 아니요 내가 너희를 택하여 세웠나니 이는 너희로 가서 과실을 맺게 하고 또 너희 과실이 항상 있게 하여 내 이름으로 아버지께 무엇을 구하든지 다 받게 하려 함이니라 내가 이것을 너희에게 명함은 너희로 서로 사랑하게 하려함이로라"(요 15:16~17).

사명

우리 신앙은 전지전능하신 하나님을 믿는 신앙이다. 우리가 믿는 하나님은 무소부재 하시며, 그 능이 한량없으셔서 결국엔 이루시는 하나님이다. 이는 신앙이라는 상자 밖의 시각으로 본다면, 참 이질적인 개념이다. 문예지에 실린 가상의 현실에 대한 한 편의 시와 같은 문구다. 현실감이 없어서 무슨 판타지 같다.

그렇게 우리가 믿는 신앙은 결코 '현실적'이거나 '이성적'이지 않다. 신앙 고백부터 교리까지 그 무엇도 자연스럽거나 일상적이지 않다. 그래서인지, 때로 우린 신앙을 생활화(生活化: 생활 습관이 되도록 애씀)하려 든다. 아주 좋다. 세상 풍조와 다른, 그리스도의 향기를 가진 자들만의 삶이니만큼 아주 모범적이다.

그러자 이제 신앙마저도 삶에 적합하게 바꾼다. 유익이 있다. 책 안에

나 박제된 너무 어려운 개념을 '실천' 위주로 구성한다. 분명 그것을 통해 위로를 얻는 사람들도 있다. 명백한 신앙의 방향을 가져서 좋다. 그저 관념상에만 존재하는 신앙이 아닌, 행동하는 신앙이 된다.

그러다가 하나님을 이해하기 용이하게 '현실화'한다. 그분을 도식화하고 개념화한다. 형이상학적인 규칙과 언어의 배열로 나열한다. 철학적인 모형을 만든다. 이제 하나님 또한 친숙하다. 지면에 아름답게 담기신 그분을 들여다본다. 문제는 이 지점부터다.

드디어 하나님을 설명하여, "아는 지식"에 이르렀다고 자부한 순간, 그 지식이 휘발된다. 급속도로 기화하여 남지 않는다. 창조주를 내 손끝으로 묘사한다는 신비로운 감각도 영락없이 빠져나간다.

그곳에 담긴 것은, 하나님이 아니다. 어떤 만들어진 신도 아니다. 그저 아무것도 아니다. 허무. 그렇게 하나님을 유형의 형태로 그리던 사람들이 공통으로 느끼는 압도적 감각은 허무다.

하나님을 그 무엇에도 다 담을 수 없다는 우리의 신앙 고백은, 단순히 경외를 표출하기 위한 수사적 표현이 아니다. 또는 하나님을 절대자로 만들기 위한 설정 놀음도 아니다. 어떤 종교성에 기인하여, 우리의 신을 타 종교에 비해 더 우월하게 만들려는 몸짓도 아니다.

하나님에 대한 우리의 신앙과 신앙 고백은 그 모두 그저 성경이 말하는 바여야만 한다. 그곳이 종이 위건, 컴퓨터 모니터 속이건, 우리의 글 타래 안이건, 아주 화려한 성당이나 예배당이건 간에, 우리의 재료로 형상화해 담아낸 하나님은, 하나님이 아니다. 애초에 우리 편의대로 형상화할 수 있다면, 그건 성경이 말하고 있는 하나님이 아니다.

애초에 성경은 하나님을 지면이나 우상, 또는 성화에 묘사할 충분한 근거와 재료를 마련해주지 않았다. 이는 성경의 계시가 불완전함을 의미하지 않는다. 이에 대한 성경이 견지하는 태도는 그저 하나님은, 우리의 언어로 전부 형용하거나 묘사할 수 있는 대상이 아니기에, 아예 재료도 제공하지 않겠다는 입장이다.

"그런즉 너희가 하나님을 누구와 같다 하겠으며 무슨 형상에 비기겠느냐"(사 40:18).

그래서 성경이 묘사한 하나님은 좀처럼 술술 읽히지 않는다. 이는 '쉬움', '간편', 그리고 '술술 넘어가는 감각'에 중독된 우리에겐 비보다. 성경을 전하는 처지에서 가장 큰 걸림돌은 문화적 차이나, 고고학적 사료의 부족, 불분명한 연대 등이 아니다. 성경 시대 사람들도 겪었던, 설교자로서, 작가로서 메시지를 왜곡 없이 전달하는 것에 가장 큰 문제는 역시 '하나님'의 존재다.

그러면 설교자나 작가가 느낄 어려움은, 하나님을 제거하면 말끔히 해소된다. 청중이 느끼는 난해함은 하나님은 제거하고 우리들의 이야기만 남기면 된다. 굳이 하나님을 등장시켜야 한다면, 현실화시키기 위해서 미리 청중이 난해하게 여길 부분을 발라낸 잘 손질한 하나님을 언급하면 된다. 발생한 공허는 행위로 메꾸면 되겠다. 한바탕 시끌벅적한 축제도 좋고, 다양한 소리를 담은 모임도 좋겠다. 제사도 하나의 축일로 여겼던 고대 사회를 재현해 보면 어떨까? 물론 이는 성경에 기록한 이스라엘인들이 이미 시도해 본 바이다. 그런 그들의 작태를 보다 못한 하나님께서 선지자 호세아를 통해 말씀하신다.

"나는 인애를 원하고 제사를 원치 아니하며 번제보다 하나님을 아는 것을 원하노라"(호 6:6).

정녕 요나가 경험한 하나님도 그러하시다. 성경에 따르면, 하나님은 요나가 없으셔도 그 뜻을 이루실 수 있다. 요나도 그 사실을 알고 있다. 그렇기에 요나의 반항은 사실 하나님의 뜻을 막으려는 것이 아니다. 그저 그 뜻이 이뤄지는 과정에 자신이 포함되고 싶지 않았을 뿐이다. 하지만 요나서 묘사에 따르면 하나님은 마치 요나가 없으면 니느웨를 살리지 못하는 것처럼 행동하신다. 요나가 없으면, 안될 것처럼 요나를 다잡으시고 또 부드러운 어조로 설득하고 쉼을 허락하신다.

이렇게 되니, 요나 입장에선 당혹스럽다. 요나는 너무나 잘 알고 있다. 하나님은 능히 모든 일을 인간이 없이도 행하신다. 어떤 제한도 제약도 없으신 분이 '요나'라는 우주의 먼지에게 집중하고 연연하는 것만 같다. 요나는 거듭하여 주님께 요청한다. 요나 이외에 다른 이를 보내주시라고, 필요하다면 차라리 목숨을 거둬가시라고 말이다.

그 과정에서 요나의 표현 방식은 어리디어리게 보인다. 하지만 그의 신앙관과 하나님에 대한 이해는 더없이 깊다. 그의 하나님에 대한 지식은, 깊고 원숙하며, 그 이전 선지자들보다도 오히려 앞선다. 왜냐하면 그는 이전 선지자들의 삶을 배울 기회가 있었다.

인간에게 주어진 사명이란 것은, 사실 하나님의 필요 때문에 만들어지지 않는다. 하나님은 그것에 아멘으로 화답하고 믿음으로 행할 대상이 없어도 넉넉히 이루신다. 그 누가 하나님을 도왔는가? 하나님이 천지창조 하실 때에 하나님을 도운 이가 누구인가(욥 38장)? 누가 하나님을 지도하겠고 모사가 되어 가르치며 의논할 수 있을까(사 40:13~14)?

그런데 어떤 일을 이루기 위해서 요나에게 꼭 연연하시는 것만 같은 하나님의 모습에, 선지자 요나는 당황한다. 하나님의 전지전능하심을 알기에, 그의 권능을 알기에, 오히려 당혹스럽다. 속된 말로 미치고 팔짝 뛰겠다.

근데, 이 지점에서 사명이 무엇인지 명백히 드러난다. 사명은 지혜로운 왕이 후계자를 교육하기 위해서 대소사를 맡기는 것과 다름없다. 왕이 아직 권좌에 있고, 건강과 판단력에 문제가 없음에도 불구하고, 어리고 경험 없는 왕세자에게 다양한 일을 맡긴다. 이는 왕이, 그런 일을 달성하기 위해, 왕세자를 필요로 해서 맡기는 것이 아니다.

이는 왕세자에게 실무를 미리 경험하게 하여 성장할 기회를 주고, 또 그를 통해 왕세자의 공로를 쌓게 하기 위함이다. 왕세자가 능력을 발휘할 상황을 만들어 준다. 그렇게 능력을 입증한 왕세자가, 왕이 떠난 뒤에도 더욱 쉽게 모든 권력을 승계하고 또 그 뜻을 펼치도록 돕는 것이다.

물론 하나님은 영원하시다. 그의 통치도 불변한다. 당연히 그분에겐 권력의 승계란 게 필요가 없다. 그럼에도 하나님은 우리를 대상으로 일종의 승계 교육을 하신다. 이에 대해 고린도전서는 힌트를 제공한다. 완전한 그림을 그리기엔 정보가 부족하지만, 그럼에도 명백하게 알 수 있는 건, 언젠가 우리가 세상을 판단Judge할 것이고 또 천사를 판단할 터다.

"성도가 세상을 판단할 것을 너희가 알지 못하느냐 세상도 너희에게 판단을 받겠거든 지극히 작은 일 판단하기를 감당치 못하겠느냐 우리가 천사를 판단할 것을 너희가 알지 못하느냐 그러하거든 하물며 세상 일이랴"(고전 6:2~3).

이것이 정확하게 무슨 의미인지 나열하는 것은, 성경이 우리에게 허락한 것보다 더 나아가는 것이다. 우리 성경대로 믿는 사람들은 성경이 말하는 곳까지 가고 멈추는 곳에서 멈춘다. 하지만 분명히 확인할 수 있는 사실은, 하나님은 우릴 준비시키는 과정에 임하고 계신다. 우릴 교육하고 우리에게도 공로를 쌓고 또 하나님의 놀라운 역사에 동참할 기회를 주신다. 그리고 이를 두 글자로 '사명'이라 한다.

그러므로 사명을 필요로 하는 건 우리다. 이 무의미하고 험난한 세상에서, 그저 허무한 삶을 영위하지 않도록, 하나님께서 우리를 소명도 하고 사명도 주신다. 그 소명과 사명을 통해서 우리의 볼품 없는 생명과 가치 없는 삶을 아주 중요한 영적 가치를 가진 무언가로 빚어내신다.

요나도 마찬가지다. 요나에게도 사명이 필요했다. 자기에게 꼭 필요한 그 사명을 요나는 벗어던지고 싶어 했다. 그런데 하나님은 요나를 위한 사명이라 할지라도 "싫으면 말고. 너만 손해지"라는 태도로 전달하지 않으셨다. 이는 자녀를 아주 사랑하는 부모가 아이 건강에 꼭 필요한 약을 건네주는 것만 같다. 그 약으로 유익을 얻는 것은 오로지 아이다. 다 아이 좋으라고 돈과 시간을 들여 얻어온 약이다. 그런데 애가 타는 것은 아이가 아니라 부모다. 간절하게 그 약이 필요한 것은 아이임에도, 간절하게 그 약을 건네는 것은 부모다. 그래서 부모의 사랑은 일견 하나님의 사랑과 닮았다고 이야기한다.

그런 하나님의 사랑을 실천할 것을 사명을 받은 초대교인들은 예시로 든 부모의 마음을 가진 것과 같은 태도로 사는 삶을 목표로 했다.

"누구든지 자기의 유익을 구치 말고 남의 유익을 구하라"(고전 10:24).

그래서 사명 앞에서 우리가 가진 선택은 오직 두 가지다. 즐겨 순종하는 것과 순종하지만 즐겨하지 않는 것이다. 애초에 우리의 유익을 위한 사명이다. 오직 순종밖에 없다.

그렇다면 기왕이면 즐겨 순종해 본다.
분명 은혜가 풍성한 주님께서 즐거움 또한 주실 것을 믿고서.
허락하신 풍성한 그리스도의 향기를 의지하여.

나가는 글
하나님, 우리와 동행하시다

요나 이야기에서 하나님은, 요나에게 어떤 상황만 주시고 그저 관찰만 하시는 것 같다. 하지만 그렇지 않다. 하나님이야말로 요나의 이야기에서 쉼 없이 활동하신다. 심연에서도, 적지인 니느웨에서도, 요나의 초막, 그 원망의 자리에서도 함께하시는 하나님. 언제나 늘 동행해 주시는 하나님. 요나에게 잠시 잠깐도 눈을 떼지 않으시고, 작은 한숨까지 들어주시는 하나님. 그래, 이런 관점으로 요나서를 다시 살피면, 주도적으로 그 뜻을 펼치시고 움직이신 것은 실상 하나님뿐이다.

그렇게 하나님만이, 비린내로 시작하여 모멸의 대상이던 요나를, 그리스도의 십자가 기적을 예표 하는 선지자로 격상시키셨다. 이제 우린 요나란 이름에서 생선 비린내를 느끼지 않는다. 대신 그리스도의 향기를 가득 느낀다. 오직 하나님만이 의미 있는 일을 이루셨다. 홀로 역사하셨다. 멸시받는 요나를 위해, 또 오늘날 우리를 위해….

오늘날 우리는 어떨까. 하나님의 말씀이 어째서인지 가물어 있는 시대를 사는 것만 같다. 라디오를 틀거나 텔레비전을 틀면, 그리고 유튜브에 접속하면, 하나님 이름으로 무수한 이야기들이 들려온다. 크고 화려한 니느웨에서 다양한 소음과 소리로 활기가 넘쳤던 것처럼 온 지구가 뜨거운 열기로 휩싸였다. 하나님은 우리에게 그저 이 상황을 주시곤 관찰만 하고 계신 것만 같다. 그 틈에 누군가는 하나님을 소환하는, 조정하는, "중보"하는 기도문이라며 우리 앞에 두고 흔든다.

믿는 사람에게 때로 현실은 스올의 뱃속만 같다. 깊은 물에 사로잡힌 것 같다. 온갖 물소리, 각종 꼬르륵 소리, 귓전에 울리는 내 심장 고동으로 온통 북적북적하다. 하지만 내가 들어야 할 소리는 많지 않다. 대다수는 그저 어지러이 맴도는 소음이다.

그러니 조급해진다. 혹여 내가 들어야 할 소리를 듣지 못할까 봐.
그러면 사람을 떠나볼까? 훌쩍 떠나 어디 외딴곳에 가면 응답이 있을까?
때론 그런 마음을 안고, 한적한 기도처를 찾기도 한다.
그럴지라도 좀처럼 개운해지지 않는다.
"앞을 보지 못하는 사람으로, 앞을 보지 못하는 사람을 이끈다"라는 표현, 즉, 옛 성경엔 "소경이 소경을 이끈다"라고 기록한 그 표현은 어쩌면 오늘날의 모습일지 모른다.

그럴지라 하더라도
하나님은 결코 그저 관찰자가 아니시다.
하나님은 결코 그저 구경꾼이 아니시다.
나의 남모를 고민을 듣고 계신다.
나의 정처 없는 발걸음을 보고 계신다.
그만은 나의 맘을 아신다.
그것이 삶이 마련한 스올의 뱃속에서도
우리가 믿는 믿음이다.

우리 가는 길을 주는 아시나니
그가 나를 단련하신 후에는-

내가-

이야기찬양듣기
때론 현실이란 게

에필로그 Epilogue

　이로써 요나의 이야기는 모두 끝났습니다. 하지만 이 이야기를 읽고 있는 모든 분 삶의 여정은 아직도 '도중'이죠. 이 도중은, 때론 시련과 아픔도 함께 하기에, 흔히 천로역정으로 표현하곤 합니다.

　하지만 우리의 참 좋으신 주님은, 이 냉혹한 현실에도 우리를 위한 위로와 즐거움을 곳곳에 두셨죠. 그러한 점도 고려해서 살피면, 우리의 삶은, 역정이 아니라, 어쩌면 '천로여정'이 아닐까요? 천국 엘 가면, 하나님께 "아부지! 나 왔어요!" 할 수 있는 그런 집으로 향하는 여정이요.

　우리 인생에 하나님이 허락하신 천로여정의 아주 큰 즐거움 중 하나는 바로 성장의 즐거움입니다. 그를 위해서 우리는 성경을 읽고 또 기도합니다. 거기에 더해 관련한 책과 설교를 접하곤 하죠.

요즘은 철저한 계획하에 성경을 통독하고 또 QT로 배우기도 하면서 열심히 읽는 분들이 많다 느낍니다. 그러나 때론, 성경을 대하는 것이 일종의 의무가 되어, 본연의 재미를 느끼지 못하는 일도 있더군요.

성경엔 참 재미있는 이야기가 다수 수록되어 있습니다. 복음서에, 남녀노소 가리지 않고 많은 청중이 예수님의 말씀을 즐겁게 들었다는 구절은 지금도 유효하다고 생각합니다. 그렇다면 이런 성경의 재미를 누리지 못하는 것은, 큰 손해가 아닐까요? 세상에 웃을 일이 얼마나 있겠어요? 별로 없잖아요? 그러니까 웃을 수 있을 때 남김없이 웃자고요!

가령 요나의 이야기도 그렇습니다. 요나뎐을 준비하면서, 요나가 울면 함께 울고, 그가 니느웨 성의 굽이치는 골목을 처연하게 걸으면 저도 마찬가지의 마음이 되곤 했습니다. 하지만 그저 고된 작업만은 아녔습니다. 왜냐하면 그 다채로운 요나의 행적을 상상하는 내내 즐거웠기 때문이죠.

물고기 배 속은 어땠을까? 어땠길래 그렇게 기쁜 감사의 찬양을 드린 걸까?

니느웨성에서 하나님의 말씀을 전할 땐 어떤 차림이었을까? 또 동편에 초막을 지었던 요나는, 북이스라엘로 귀환하기 위해선, 니느웨 도심을 다시 지나가야 했습니다. 니느웨와 요나의 고국 사이엔 수개월이나 걸리는 험난한 길이 있었기에, 요나는 귀환을 준비해야 했지요. 과연 니느웨 사람들은 '하나님의 사람'으로 여기는 요나를 어떻게 대했을까요? 헌물도 가져오고 후한 대접도 하고, 필요한 여비와 호위까지 붙여주지 않았을까요? 그랬다면 요나의 귀환은 매우 위풍당당 했을지도 몰라요. 그러니까 북이스라엘의 악한 왕, 여로보암2세 앞에서 서는 요나의 모습도 사뭇 당당했으리라 상상도 되더군요.

이야기찬양듣기
모두 기상!

이런 완벽한 정답도, 곧바로 적용할 '즉석' 교훈도 없는 의문은, 저에게 끝없는 즐거움을 선사했습니다. 답을 내릴 수 없으니, 요나 편을 마무리한 지금도 사라지지 않습니다. 지금도 제 마음속에서 여전히 맴돕니다. 나중에 천국에서 요나를 만나면 물어볼 요량으로 소중히 보관하고 있죠.

여러분과 그런 즐거움을 나누고 싶어서, 저에게 재미를 안긴 풍경을 그리며 노래 가사를 적어 봤습니다. 감사한 여러분들과 함께 나누고 싶어서 책 부록에 더합니다. 그와 함께 QR코드를 마련했으니, 스캔을 하시고 가사를 함께 보고 들어주시면 좋겠습니다. 부디 여러분이 성경을 통해 느끼신 '재미'와 끝없는 즐거움을 함께 나눠 주시길!

읽어주신 모든 분들의 가정과 삶에 행복과 기쁨, 그리고 구원이 넘치길 매일 기도하고 있습니다. 다음 작품을 통해 또 찾아뵙겠습니다.

하나님이 마련해주신 천로여정에서
하루하루 조금씩 성장 중인
다니엘 오 올림

찻잔 위로 모락모락 피어오르는 은혜&사랑
이야기 찬양 Story Praise

- 요나의 노래 -

주님, 나를 알아주는 이
아무도 없나이다

나에게 쏟아지는
무수한 멸시, 조롱
처연하게 홀로 남은
사역자 요나
배역자, 미달자, 도망자

주님, 나를 알아주는 이
아무도 없나이다
혼자서 거대한 성 맞섰고
하나님을 대면해 만난
선지자 요나

모두가 비웃고
모두가 버린 돌 취급

요나처럼 오해 받고,
또 과도하게 비방 받는 대상이 또 있을까요?

그저 반면교사, 조롱의 대상으로 여겨지는
요나를 보고 있자면
마음이 너무 아프더군요.

요나던 집필을 하기 위해 세세히 살피면서,
이제 하나님이 사랑하시는 요나의 명예도
회복할 때가 되지 않았나 생각했습니다.

예수께는
십자가 예표하는
요나의 이적 뿐
구원의 통로
하나님의 선지자
하나님 압도적 은혜

요나
유례 없는 성공자
하나님의 사람

그 경이로운 은혜
하나님만은 알아 주시네
나의 가는 길을

- 베콜토다 -

넘치는 파도
휘몰아치는 바람
깊고 깊은 바다
스올 죽음 심연
틈새에
내 아버지, 내 하나님
여호와를 부르니
그가 내게 대답하시고
(주께서 나의 음성을 들으셨나이다)
내가 물 깊은 곳
주님의 이름을 불렀더니
그가 나를 품어 주셨네
물이 내 영혼에 들이차도
주의 목전에서 쫓겨나도
주의 성전 예배의 자리
주의 성전 여기에도
하늘은 그의 보좌 이 땅은 그의 발등상
깊은 심연 어두운 스올에도
우리 주는 함께 하시니
내가 낮의 해를 의지하지 않으며
넘치는 물을 두려워하지 않으리

베콜토다는 히브리어로, 아주 큰 소리로 외치는 감사의 찬양을 의미합니다.

요나서 2장에서 요나가 자신의 기도를 '베콜토다'로 명명한 장면을 그렸습니다.

그 시점 요나의 큰 기쁨의 이유는 단 하나, "하나님이 나의 목소리를 들으셨다"입니다.

해결된 문제도 없습니다.
여전히 물고기 배 속입니다.

그럼에도, 하나님의 사람은,
하나님께서 내 목소리를
들으신다는 것만으로도 감격하고
크게 기뻐하는 존재입니다.

(주께서 나의 음성을 들으셨나이다)
깊음이 나를 에워싸고
바다 풀이 내 머릴 감싸도
혹 산의 뿌리 그 아래에 내가 있어도
그 어떤 쇠창살도
내 주의 손에서 날 떠나게 못하리
내 기도를 주가 들으시오니
내 기쁨의 찬양 베콜토다
내 기쁨과 감사로 주께 제사 드리며
내 기쁨의 찬양 내 감사의 찬양
내 기쁨과 감사로 주께 제사 드리며
주께 제사 드리며 내 서원을 기억하네
구원은 여호와께 말미암이니이다
(주께서 나의 음성을 들으셨나이다)

- 니느웨가 무너지리라 -

무수한 무리
인파 사이로 나는 걸어요
비틀비틀 나는 걸어요

"40일 뒤에 니느웨가 무너지리라!"

힘겹게 짜낸 목소리

그 누구도 들어주지 않길 소망하며
무수한 건물 웅장한 도시
나는 걸어요

"정말이요? 어떻게 하면 좋죠?"

"왜 내 말을 믿는 거요?"
"완전 거지꼴인 내 말을?"

요나의 사역 장면을 상상해 보니
재미있어서 제작하게 되었습니다.

"40일 뒤에 니느웨가 무너지리라!"
무수한 인파 커다란 회개
내 마음은 너덜 너덜

아! 울고 싶은건 난데
왜 니들이 울어요
울고 싶은 건 난데

"40일 뒤에 니느웨가 무너지리라!"

"내가 니느웨가 회개할 것이라
말하지 않았나이까?"

"주여, 나를 불쌍히 여기소서"

"내 비참한 맘을 알아 주소서"

- 십자가 길을 -

십자가 길을 걸으실 적에-
기억하소서
당신께서 대속 해주신 우리는
무익하며 가치가 없었음을-
메시아의 길 걸으실 적에-
생각하소서
당신께서 사랑하신 우리는
사랑 받을 만한 것이
전혀 없었음을-
어찌 우릴 위해
외로움 중에 사시다
어찌 우릴 위해
모욕 속에 죽임 당하셨는지요
인간이 무엇이관대-
우릴 위해 다시 부활하셨는지요
희망과 사랑은-
소망은-
인간에게 어울리지 않았나이다-
우리 안에서 무엇을 보셨는지요?
텅 비어버려
아집만 가득한 맘에서

책 내에서 요나와 바울의
애끓는 마음을 살피며 수록했습니다.

아주 오래전 썼던 시를 기반으로
노래를 제작했습니다.

원작인 시는 2014년 2월 17일에 썼으니,
정말 오래전의 고백이군요.

아직은 덜 다듬어져서 많이 거친 느낌입니다.

실제로 많이 날카롭던 시기였기도 했고요.

그 무렵 저는 십자가를 납득할 수 없었습니다.

예수님 삶을 더듬어보니,
그분의 수난은 그저 나무 형틀을 지시던 시기에
국한되지 않더군요.

무척 슬펐던 기억이 있습니다.

하지만 한 편으론 십자가란 단어만으로도
한없이 울고 또 감사했던 그때가 생각납니다.

온전히 당신께서
이루실 것만 남았나이다.
그 외엔 우리에겐 없나이다
어찌 우릴 위해
외로움 중에 사시다
어찌 우릴 위해
모욕 속에 죽임 당하셨는지요
텅 비어버려
아집만 가득한 맘에서
온전히 당신께서
이루신 것만 남았나이다

그 외엔 우리에겐 없나이다

- 니느웨 동편 (박넝쿨) -

니느웨 동편 한적한 자리
초막을 지었어요
야외의 작은 집
그래도 구석 구석
구멍 난 천장 때문에
더워 더워요
째앵- 째앵 무더운 햇볕
째앵- 째앵 뜨거운 태양
째앵- 째앵- 더워! 더워요

그래도 구석 구석
구멍난 천장 때문에
더워! 더워요
무럭- 무럭- 푸르른 잎새
무럭- 무럭- 시원한 그늘
무럭- 무럭무럭-
박넝쿨 자랐어요
시원한 그늘 박넝쿨 그늘

요나가 경험한 박넝쿨 사건을
동요로 묘사하여 봤어요.

뜬금없이 아이스크림이 등장하는 것은,
책을 보시면 나와요! 후후..

니느웨 동편 한적한 자리
초막을 지었어요
야외의 작은 집
박넝쿨이 덮어줘서
시원해요! 시원해요!
새근- 새근- 새근- 선지자 요나
새근- 새근- 시원한 그늘
새근- 새근 새근-
시원하게 잠을 자요

시원한 그늘 박넝쿨 그늘
밤새 박넝쿨
어디로 사라졌나!
햇님이 고갤 들고
이젠 다시 더워! 더워
째앵 째앵 더워
아- 아이스크림 먹고 싶다

- 선장의 노래 -

지중해는 구석 구석 내 앞마당

땅끝에서 땅끝까지 구석 구석 내 앞마당

니꺼 내꺼 없이 다 내 앞마당

로마도 가고 다시스 가고 맴피스

아덴 두로 시돈

안 가본 곳이 없지

난 다가봤지 그게 내 Class지

정말 볼꼴 못볼 꼴 별꼴 다봤지만

그래도 지금도 기억에 남는건-

한 남자 그때 쿨쿨 잠자던 남자

배 밑창 쿨쿨 잠자던 사내

그래, 그 남자

내 배에 다시스 가는 내 배에

거센 폭풍이 불어 닥친 날

배 밑창 깊은 곳 온통 뒹굴고 박살

쿨쿨 자는 사내 히브리 사람

자기 하나님 여호와 배-신 했다는

히브리 사람 그러고 배를 탔다니

양심은 어디 있는지

폭풍은 갈수록 심해지고

히브리 사내, 그 선지자

성경은 요나의 귀환 장면을
직접 묘사하지 않습니다.

하지만, 폭풍이 몰아치는 바다에
던져져 죽은 줄로만 알았던 요나.

그 요나를 다시 본 욥바와 다시스를
오가던 선원들은 어떤 생각이 들었을까요?

그런 장면을 상상하며 그려봤습니다.

노래 상으론, 먼 훗날, '왕년'을 이야기하는
선장을 화자로 삼았습니다.

무작정 자길 바다에 던지라는데
예의상 뽑은 제비에도
히브리 사내 당첨
차마 던질 수 없어 발버둥 쳐도
아! 뱃사람의 의리 도리! 낭만!
바로 풍덩 결국 첨벙
거짓말 같이 잠잠해지는 바다
어떻게 이런 일이!
일이 휘돌던 풍랑 몰아치던 파도
휘익 불던 바람 모두 그 즉시
쉿!
어떻게 이런 일이
하지만 이야기는
아직 끝나지 않고
히브리 남자 생환
그때 그 잠자던 히브리 선지자 귀환!

- 요나의 귀환 -

곡식은 무르익고 만연한 가을 냄새
붉게 물든 열매 흥겨운 추수 들녘
높디 높아 푸르른 하늘
나쁜 왕의 압제 시달려도
내야 할 세금이
허리가 똑! 굽을 만큼 많아도
황금빛 곡식보면 풀리는 이 맘
농부의 마음 민초의 맘
선지자 귀환!
니느웨로 떠났던 요나
갈 때는 도망자 요나
이제 죽음에서 돌아온 선지자
'악!' 한 왕 때문에 괴로워도
사역자 요나 귀환에 기대하는 맘
성도의 마음 민중의 맘
니느웨로부터 터벅 터벅
물고기 배 속에서 처벅 처벅
돌.아.온. 선.지.자. 귀환!
죽음의 배에서 삼일 후 생환한 선지자
하나님의 사람 요나
절망 했던 우리

성경에선 생략한 요나의 귀환 장면을
상상하며 가사를 적고 또 제작했습니다.
이스라엘의 추수 시기는 우리와 다르지만,
노래에선 가을로 표현했습니다.

지금 창문 밖에서 가을 냄새가 솔솔 나서요!
의인 하나가 없어서 망한다는
성경의 원리가 있습니다.
그렇다면, 하나님의 사람 한 사람이
얼마나 귀한지요?

십자가를 통해 임한
은혜 시대의 우리는 모두 각각 빛과 소금이며,
하나님의 자녀입니다.

요즘 많이 어려운 시대라고요?
그렇다면 이제 우리가 주님의 주신 것으로
빛날 무대의 막이 올랐습니다.

이제 선지자 귀환을 바라는 시대는 지났습니다.
시대는 하나님 자녀인 우리를 필요로 합니다.
이 노래가 우리의 귀환이 되길!

하나님의 선지자 귀환!
이제 주님이 움직이시네
주가 웅비하시네
니느웨도 오직 은혜
구원하신 주님
북이스라엘 회복하시려
웅비하신다 웅비하신다
사랑하시는 종 요나로
역사하신다 웅비하신다
선지자 귀환!
하나님의 선지자 귀환!
북이스라엘의 새로운 전성기,
'회복'의 응답이
가드헤벨 아밋대의 아들
선지자 요나에게 임하다

- 기상 -

기상! 기상! 나 기상!
모두 오른쪽으로 모두 왼쪽으로
이쪽 저쪽 우.향.우. 좌.향.좌.
도열 도열 기상! 모두 기상!
집결! 집결! 모두 집결!
열중-! 섯! 쉿!
이래서 안돼 저래서 안돼
이래서 못해 저래서 못해
온갖 말만 하여간 많아
이 핑계 저 핑계 대다가 아무것도 못해
그런 니들 위해 나 기상! 기상!
나 기상! 사역자 기상!
집결 집결 내 앞으로 일렬 종대
아니 일렬 횡대 횡대 종대
일.사.불란하게
모두 집결 모두 집결
명.령. 말.씀. 앞에선
이핑계 저핑계 말만 많은 니들
우상 만들긴 빡시게하노
우상 모으긴 와카노?
싹다 정.신. 체리라고

니느웨에서 귀환한 요나가 여로보암2세를 만나러 가는 상황이죠. 아주 위풍당당하게 성으로 처들어가고 있습니다. 악한 왕으로 명시된 여로보암2세는 요나의 '성깔'에서 무사할 수 있을까요? [요나면]에선 에필로그, 그 이후에 해당하는 내용입니다.

오늘날 교회 현실에 남모를 냉가슴을 품은 모든 분과 홀로 영적 리더로 활동하며 고생한 선지자 및 믿음의 선배들 마음을 대변하고 싶었습니다. 모두 파이팅 입니다.

물론 여로보암2세와 요나는 실제론 상호 존중을 했을 확률이 더 높을 겁니다만... 이런 노래 만들어지는 게 억울하다면, 여로보암 정치 잘했어야죠! 시대가 어둡다면, 완전 '럭키비키' 아니겠어요? 빛과 소금인 우리 무대란 소리잖아요. 우리가 더 도드라지게 빛나겠군요.

나 기상! 선지자 기상!
집결 집결
내 앞으로 일렬 종대 횡대 종대
일.사.불란.하게
모두 집결 모두 집결
오래 참는 하나님 믿고 까부는 니들
영원히 참진 않으신단다
이제 God's time
실은 언제나 God's time
사랑하시는 종
나로 역사하신다 웅.비.하신다
주님 사람 기상! 빛과 소금 기상!
기상! 기상! 모두 집결
이제 사랑하시는 종
'나로 역사하신다
여로보암 나와!

- 때론 현실이란 게 -

때론 현실이란 게
깊은 물과도 같죠

일상은 거대한 수조
사방엔 물이 가득하죠

온갖 물소리
방울소리
소리 소리

울리는 내 심장
고동으로
온통 북적북적해요

하지만 내가 들어야 할
소리는 없네

그저 어지러이 어지러이
맴도는 소음 뿐

때론 우리 삶이
스올 같고,
물고기 배 속 같죠.

어째서 맘대로 되는 것이 단 하나도 없는지…

그럼에도 우린 희망이 있습니다.

그 희망에 대한 노래입니다.

요나편을 닫는 노래이기도 하고요.

그럴지라도
나의 주님 나의 주님
내 맘을 아시죠
내 길을 아시죠

우리 가는 길을 주는 아시나니
그가 나를 단련하신 후엔-

내가-
내가-

그가 나를 단련하신 후엔-
내가-
내가-
내가-

참고문헌 References

Mallowan, M. (2018). Nineveh | History, Map, & Significance. In *Encyclopædia Britannica*. https://www.britannica.com/place/Nineveh-ancient-city-Iraq

Modelski, G. (2003). *World cities : 3000 to 2000*. FAROS2000.

Petit, L. P., & Bonacossi, D. M. (2018). *Nineveh, the Great City Symbol of Beauty and Power*. Sidestone Pr.

Tertius Chandler. (1987). *Four thousand years of urban growth : an historical census*. St. David's University Press.

The ESV study Bible: English standard version. (2008). Crossway Bibles.